SV

Es ist der wohl berühmteste Satz, der je über die deutsche Hauptstadt geschrieben wurde. Berlin, so heißt es in den letzten Zeilen von Karl Schefflers 1910 erschienenem Klassiker, sei dazu verdammt, »immerfort zu werden und niemals zu sein«. Was Scheffler nicht ahnen konnte: Sein Diktum sollte sich als Prophezeiung erweisen. Von den Goldenen Zwanzigern über die anarchischen neunziger Jahre bis zur Blütezeit als Welthauptstadt des Hipstertums zu Beginn des neuen Jahrtausends – kaum ein anderer Autor hat Berlin so treffend und mit so herrlichem Spott charakterisiert wie jener Hamburger Selfmademan, der es vom Dekorationsmaler zum angesehenen Kunstkritiker brachte. Die ehemalige Mauerstadt ist zum Symbol für eine neue Urbanität geworden, gesegnet mit dem Privileg, niemals sein zu müssen, sondern immerfort werden zu dürfen.

Mit messerscharfer Auffassungsgabe und stets beißend polemisch analysiert Scheffler all die historischen Brüche – und all die Fehlplanungen –, denen die Hauptstadt heute ihre Einzigartigkeit verdankt. Oder wie Florian Illies es in seinem Vorwort formuliert: »Wer Schefflers Buch gelesen hat, versteht, warum Berlin die Stadt der ›Projekte‹ ist, der ›Projekträume‹, warum diese Stadt, stolz darauf ist, ein ›Laboratorium‹ zu sein, warum hier die Visionen blühen wie anderorts die Wirtschaft.«

**KARL SCHEFFLER** (1869-1951) war Kunstkritiker und Publizist. 1906 legte er mit *Der Deutsche und seine Kunst. Eine notgedrungene Streitschrift* ein polemisches Plädoyer für den Impressionismus als Kunstform der Moderne vor. Ab 1907 war er Herausgeber der einflußreichen Zeitschrift *Kunst und Künstler*, bis diese 1933 von den Nationalsozialisten verboten wurde.

**FLORIAN ILLIES**, geboren 1971, ist Kunsthistoriker, Journalist und Buchautor. Sein letztes Werk, *1913: Der Sommer des Jahrhunderts*, wurde ein internationaler Bestseller. 2014 erhielt Florian Illies als bisher jüngster Preisträger den Ludwig-Börne-Preis.

Karl Scheffler

# BERLIN
## ein Stadtschicksal

Herausgegeben und mit einem Vorwort
von Florian Illies

Suhrkamp

Der Text folgt der Erstausgabe,
die 1910 im Erich Reiss Verlag in Berlin erschien.

Bibliografische Information der Deutschen Nationalbibliothek. Die Deutsche Nationalbibliothek verzeichnet diese Publikation in der Deutschen Nationalbibliografie; detaillierte bibliografische Daten sind im Internet über http://dnb.d-nb.de abrufbar.

2. Auflage 2016

Erste Auflage 2015

Satz: Greiner & Reichel, Köln
Umschlaggestaltung: ErlerSkibbeTönsmann/
Johannes Erler
Druck: CPI books GmbH, Leck
ISBN 978-3-518-42511-4

# Inhalt

Vorwort

# Schicksal als Chance

Zur Bedeutung von Karl Schefflers
DNA-Analyse von Berlin

Die letzte Chance, auf Berlin ganz zu verzichten, wurde 1648 vertan. Nach dem Ende des Dreißigjährigen Krieges waren in den beiden Stadtteilen Berlin und Kölln noch genau 556 beziehungsweise 379 Haushalte übrig, ernsthaft wurde in der dahinvegetierenden Stadt der Plan einer kollektiven Auswanderung diskutiert, aber dann kam offenbar leider irgendetwas dazwischen.

Leider? Ja, leider. Liest man Karl Schefflers haßerfüllte Liebeserklärung an Berlin aus dem Jahr 1910, dann versteht man, daß Berlin nie zu sich selbst finden kann, weil – wie in einer griechischen Tragödie – das Leiden dieser Stadt die Bedingung ihrer Existenz ist. Wenn also Berlin, um in der Mythologie zu bleiben, das uneheliche Kind eines griechischen Gottes mit einem Menschen ist, dann ist der Vater wahrscheinlich Dionysos und die Mutter Personalratsvorsitzende in einem Westberliner Einwohnermeldeamt. Wenn Sie diese Assoziation jetzt etwas abwegig finden, dann sollten Sie dieses Vorwort nach der Lektüre des Buches noch einmal lesen. Denn wer nur zwei, drei Seiten von Karl Schefflers Analyse überflogen hat, der merkt, daß der Titelzusatz *ein Stadtschicksal* in diesem Fall weit mehr ist als feuilletonistische Bombastik oder Bedeutungshuberei. Scheffler hat vielmehr als erster filigran herausgearbeitet, warum es für Berlin kein Entkommen aus seinem Fatum geben kann. Deshalb lautet der letzte Satz dieses Buches eben auch, daß Berlin »dazu verdammt« ist, »immerfort zu werden und niemals zu sein«. Nach der Lektüre der zweihundert Seiten fährt einem dieses »dazu verdammt« wie ein Messerstich in die Glieder, ein jäher Stoß, der in Sekundenbruchteilen den ganz großen Bogen spannt vom Bahnhof Zoo in die griechische Mythologie.

Ohne diese »Verdammnis« hat es Schefflers Satz zum Smalltalk-Gassenhauer der literarischen Salons in Charlottenburg, Dahlem und Pankow geschafft – abrufbar bei jedem Stöhnen über die Eröffnung einer neuen Dauerbaustelle in Berlin-Mitte. Aber erst mit der Dimension der Verdammnis, also der unauflöslichen Verkettung an das Schicksal, bekommt der Satz jene Tiefe und Untiefe, die Scheffler dazu bewogen hat, ihn zum Schlußsatz seines Buches zu machen, zum Fazit seines quälenden Nachdenkens. Er ist ein herrlicher Aphorismus, neun Worte nur lang – und doch versteht man ihn erst ganz, wenn man den Text davor gelesen hat, er ist die Essenz aus zweihundert Seiten, aus zweitausend Jahren. Selten kann man einer derart scharfen Beobachtungsgabe wie der von Scheffler so genau bei der Arbeit zusehen wie in diesem Buch, selten so klar die Methode der Analyse verstehen, wenn er seine Anschauungen aus der verknüllten Geschichte der Stadt heraus entfaltet, dieser »zur Millionenstadt [...] gewordene[n] Siedelung germanischer Ackerbauern und wendischer Fischer«.

Die umstürzende Erkenntnis, die Scheffler aus seiner intensiven Beschäftigung mit Berlin und seiner Geschichte gewonnen hat, ist: Berlin ist immer eine Kolonialstadt geblieben. Die Stadt der Zugezogenen, die immer wieder neu zum Objekt der Begierde wird, für Hugenotten und für Wehrdienstverweigerer, für schlesische Arbeiter wie für schwäbische Start-up-Unternehmer. Und wenn Mark Twain 1891 bei seinem ersten Besuch im damals etwa 650 Jahre alten Berlin begeistert notiert, wie »neu« diese Stadt sei, »die neueste Stadt, die ich je gesehen habe«, obwohl er aus dem frischgebackenen Amerika kam, wo gerade Stadt um Stadt aus dem Boden gestampft wurde – dann zeigt das, wie prägend diese Ausstrahlung ist. Der »Live-Ticker« ist natürlich eine Berliner Erfindung, nirgendwo gibt es eine größere Besessenheit für das Jetzt; das »Regime der Realtime« (David Gugerli), das die Zeit seit dem Jahr 2000 bestimmt, hat in Berlin seinen Kristallisationspunkt gefunden. Bei Scheffler kann man genau nachlesen, woher die Verherrlichung des Neuen kommt. Was er 1910 analysiert hat, gilt hundert Jahre, zwei Weltkriege, vier deutsche Staatsgebilde später unverändert. Früher kamen sie mit Kutschen, dann mit dem Interzonenzug, heute mit easyJet – die Verheißung bleibt dieselbe. Und sie ist der geheime Motor dieser besinnungslos voranhastenden Stadt. Nur in Berlin werden die Fragen »Wohnst Du noch dort?« oder »Arbeitest Du noch dort?« mit dieser Verwunderung und Geringschätzung gestellt. Der Status quo ist hier immer fragwürdig und nur dazu da, überwunden zu werden. Wenn den Galerien für zeitgenössische Kunst die Ideen auszugehen drohen, dann eröffnen sie in Berlin regelmäßig »Neue Räume«, als sei dies bereits eine substantielle inhaltliche Aussage. Wer Schefflers Buch gelesen hat, versteht, warum Berlin die Stadt der »Projekte« ist, der »Projekträume« (Ostberliner Variante: »Fünfjahresplan«), warum diese Stadt stolz darauf ist, ein »Laboratorium« zu sein, warum hier die Visionen blühen wie anderorts die Wirtschaft. In der Hauptstadt gibt es kaum Erwerbsarbeit, dafür umso mehr Körperarbeit, Beziehungsarbeit und Arbeit an der Vergangenheit. Das einzige, was in Berlin boomt, ist konsequenterweise die Internetbranche, weil hier allein die Phantasie zum Bewertungsmaßstab herangezogen werden kann und nicht spießig der durchschnittliche Jahresumsatz. Und natürlich lassen sich nirgendwo besser Filme drehen als hier, wo es zwar keine Gewerbe-, aber dafür immer genügend Projektionsflächen gibt. So sehr ist diese Stadt in die Möglichkeiten verliebt, so wenig in die Wirklichkeiten, daß selbst die Bäcker »Brot & Mehr« heißen und die Spätkioske »Internet & Mehr«. Es ist einfach nie genug. Beziehungsweise: »Hinterm Horizont geht's weiter« (Udo Lindenberg).

Karl Scheffler nennt die Menschen, die nach Berlin kommen, »Pioniere«, und es ist bis heute dasselbe Versprechen geblieben, wenn das Stadtmarketing die Ankommenden an den Stadtgrenzen mit einem »be Berlin« willkommen heißt. Auf deutsch heißt das: Träum weiter. Wenn New York die Stadt ist, die niemals schläft, dann ist Berlin die Stadt, die niemals aufwacht.

Hipness ist das Manna, das diese Stadt wie ein Begrüßungsgeld an alle ausschüttet, die die Tore zu dieser Stadt & Mehr durchschreiten. Nach Berlin kamen über die Jahrhunderte die Hugenotten und die Freigeistigen, die religiös Liberalen und die Juden, weil ihnen hier die »Freiheit des Bekenntnisses« zugesichert wurde. Dies ist der geheime Kern, bis heute, auch wenn es bei diesem Bekenntnis inzwischen längst nicht mehr um religiöse Fragen geht. Aber auch das hat Karl Scheffler in seinem Buch über das Schicksal dieser Stadt bereits geahnt: »Der religiöse Rationalismus hat in dem kühl protestantischen Berlin so lange immer nach dem Warum gefragt, bis sich der Priester gezwungen sah, halb als Philosoph zu antworten.« Mittlerweile ist auch die andere Hälfte säkularisiert, deshalb kommen die Antworten in Berlin auf die Frage nach dem »Warum« halb vom Philosophen, halb vom Barkeeper. Die Antwort ist: »Darum«. Oder, wie Scheffler schreibt: »Hegels Lehrsatz, daß alles Seiende vernünftig ist, kann als eine Art von preußischer [...] Selbstrechtfertigung gelten.« Das Seiende ist aber nie ein bevorzugter Aufenthaltsort in dieser Stadt. Man sucht die Naherholung zuverlässig in der nahen Zukunft. »Spree-Athen« ist kein Spitzname, sondern eine bewußte Falschaussage.

Berlin ist der Sehnsuchtsort der Pioniere und dann ganz bei sich, ganz Kolonialstadt, wenn es Verheißung sein darf. Berlin scheitert immer, wenn es liefern muß. Hätten wir alle Karl Scheffler früher gelesen, dann hätten wir uns, beispielsweise, das ganze sehnsüchtige Warten auf den »Hauptstadtroman«, der nach 1989 bundesweit aus Berlin erwartet wurde, sparen können oder hätten frühzeitig eingesehen, daß natürlich nie jemand die Absicht hatte, den »Hauptstadtflughafen« wirklich zu eröffnen.

Man lernt bei Scheffler ebenfalls, daß man in Berlin nicht darauf hoffen darf, daß Traditionen gewahrt werden. Die einzige Tradition, die hochgehalten wird, ist die der Traditionslosigkeit. Daß dieses Buch so lange vergessen wurde, ist der beste Beleg für diese These. *Berlin – ein Stadtschicksal* ist auch deshalb ein so kluges Buch, weil der Autor es von vorne bis hinten selbstgedacht hat – wohl niemand hat sich Berlin so hingegeben wie dieser Mann, er hat diese Stadt durchwandert, er ist ihre Magistralen entlanggegangen und verzweifelte, weil sie im Nichts verlaufen, er ist ihre Flüsse abgefahren, und er verzweifelte erneut, weil die Stadt einfach ignoriert, daß sie am Wasser liegt und »Zärtlichkeit [ihm] nicht [entgegenbringt], wie es doch in Paris und Wien, in Hamburg und Frankfurt am Main der Fall ist« (geniale Beobachtung). Zärtlichkeit hingegen bringt diese Stadt, die besessen ist von ihrem Tempo, konsequenterweise nur den Verkehrsströmen entgegen, den S-Bahn-Trassen, den Trambahnen, denen man sich eher zu- als von ihnen abwendet – und den lauten sechsspurigen Straßen, an deren Trottoirs man nach dem Yoga gerne auf herausgestellten Holztischen die Bio-Weiderinder aus der Uckermark verspeist. Das ist Entrecote à la Scheffler.

Am größten wird Schefflers Wut übrigens, wenn er auf die Stadtplanung und die Architektur zu sprechen kommt, da ist er ganz bei sich, dieser große Kulturkritiker, da erstirbt ihm vor lauter »Häßlichkeit« fast der Atem, und doch steigert er sich dann immer wieder hinein in wunderbare Wutausbrüche gegen das Chaos der Stadtplanung, die Sinnlosigkeit der Straßenverläufe, die Eintönigkeit der neuen Ostgebiete (Prenzlauer Berg, Mitte). Scheffler legt immer wieder den Finger in die Wunde – daß diese Stadt eben nichts organisch Gewachsenes hat, keine Jahresringe wie ein Baum, sondern nur aus sinnlosen, unzusammenhängenden Wucherungen besteht (weshalb dies auch kein Ort für wahrhaft große Kultur sein kann). Scheffler zeigt, warum die großen Helden der deutschen Kultur, Goethe und Schiller, Beethoven und Bach, einen weiten Bogen um Berlin machten und warum sich die Tragödie um Heinrich von Kleist nicht zufällig in Berlin abspielte: »Gewiß wäre Kleist überall in Deutschland unverstanden geblieben; nirgend aber wäre ihm die Hoffnungslosigkeit seiner Lage so roh und hart zu Bewußtsein gebracht worden wie in der Stadt abgestempelter Phantasielosigkeit.« Selbst Schinkel kann ihn nicht wirklich versöhnen, denn auch dieser große Geist wurde letztlich Opfer der Berliner DNA: »Er ist in seiner Art genial; aber er ist es innerhalb der Determination eines Kolonialstadtbewohners.«

So wie Scheffler als Flaneur durch Berlin lief, immer und immer wieder, so hat er auch die Geschichte dieser seltsamen Stadt durchforstet, durchsiebt, bis er jedes Sandkorn persönlich kannte. Daraus ist dieses Buch entstanden – daß es nicht nur ein präziser Führer durch die mentale Stadtlandschaft Berlins um 1910 ist, sondern auch genauso präzise die Rätsel dieser Stadt um 2015 verständlich machen kann, ist nur auf den ersten Blick erstaunlich. Denn Scheffler erklärt in seinem Buch selbst, daß die DNA Berlins, die er als erster Genomforscher freigelegt hat, auch weiterhin prägend für ihr Verhalten sein wird. Indem er also so minutiös die Besonderheiten dieser Stadt anhand ihrer determinierenden Chromosophen beschreibt, beschreibt er zugleich, mit Halbsätzen nur, aber genauso konzise, die geheimen Codes von Dresden, von Hamburg, von München, von Danzig und von London. Dank Scheffler lernt man jede Stadt als Individuum zu begreifen, von der eine bestimmte Stimmung ausgeht, eine bestimmte Temperatur, ein Duft, zusammengebraut aus einem jahrhundertelangen und jeweils einzigartigen Zusammenspiel von Lage, Herrschern, Kultur, Bürgergesellschaft und Traditionen.

Es gibt in Schefflers großer DNA-Analyse unglaublich viele kleine Felder, in denen er aus seiner Sichtung der Chromosophen-Beschaffenheit Deutungen von verstörender und bestechender Klarheit gewinnt. Warum die Berliner etwa unfähig dazu sind, schöne Plätze zu bauen (heute wissen wir, daß der Potsdamer Platz und die Wucherungen rund um den neuen Hauptbahnhof leider keine Gegenthesen dazu sind). Warum Adolph Menzel ein Maler von Weltformat geworden wäre, wenn er nicht das Pech gehabt hätte, in Berlin zu wirken. Wieso die Uckermark nur für einen Eremiten wie Botho Strauß aushaltbar ist, jenes »endlose Ostland, das direkt in die russischen Ebenen hineinzuführen scheint [...]. In schwermütiger Einsamkeit dehnt sich das Acker- und Haideland dahin.« Man kann dieses ganze alte Buch lesen wie einen Führer durch das neue Berlin. Sogar an den Stellen, wo man vermeintlich in der Historie zu versinken droht, blinkt einem die Gegenwart während der Lektüre aufgeregte Assoziationen zu. Wenn Scheffler etwa ausführt, daß die Berliner alles (Häuser, Helden, Reiche) außer dem Soldatischen irgendwann niederstürzen, dann will man das gerade als gestrig abtun – bis einem wieder jenes merkwürdige Bild vor Augen kommt, wie bei den Love-Parade-Umzügen auf dem Großen Stern die Kolonialstadt in ihrer nackten Hipness ganz bei sich war und dabei ungerührt wummernd an den Standbildern der großen preußischen Generäle vorbeizog. Selbst bei der »Siegessäule« denkt niemand mehr an den Deutsch-Französischen Krieg, sondern – sofern gedacht wird – nur an den Jubel nach gewonnenen Spielen der Fußballnationalmannschaft auf der sogenannten »Fanmeile«.

Noch viel weitreichender ist Schefflers Analyse, wie das Volk die Herrschenden jeweils nach seiner Façon ummodelt: »Die Bevölkerung der Stadt beeinflußt unmerklich die Psyche seines Fürstengeschlechts und erkennt sich in seinen Repräsentanten selbst dann wieder.« Scheffler meinte das 1910 als feine Spitze, weil es den Berlinern gelungen war, das preußische Herrschergeschlecht über die Jahrhunderte von Friedrich dem Großen bis auf Wilhelm II. geistig herunterzuwirtschaften. Aber wenn man liest, wie Scheffler die »Pflichterfüllung«, den »trockenen Sachsinn«, die »Selbstironie« und den »harten Realismus« als die hohenzollernschen Haupttugenden herausarbeitet, dann kann man an der Ostelbierin Angela Merkel in der Tat erkennen, wie die Berliner am Ende nicht nur sich selbst im Repräsentanten wiedererkennen möchten – sondern wie sie es schaffen, daß dies am Ende sogar die Bayern, die Rheinländer und die Hamburger tun. Auch die Architektur des einstigen Amtssitzes der Hohenzollern, das Stadtschloß, hat Scheffler feinsäuberlich auseinandergenommen. Daß nun gerade dort, am ehemaligen Herrschersitz, hinter den rekonstruierten barocken Fassaden ein »Zentrum der Weltkulturen« mit den ethnologischen Sammlungen verschiedener Museen entsteht – in dem sich, wie es ausgerechnet der Präsident der Stiftung Preußischer Kulturbesitz verkündet, »die Welt selbst betrachten soll« –, das hätte Scheffler zu einem hellen, verzweifelten Auflachen getrieben. Selten ist der als Demut getarnte Berliner Größenwahn besser zu besichtigen gewesen als in dieser »Vision«, selten die prollige Berliner Großmannssucht entlarvender zum Ausdruck gekommen als in den Plänen der Stadtregierung, einige Räume dem Thema »welt.stadt.berlin« zu widmen. Pünktchen. Pünktchen. Pünktchen. Die Kolonialstadt Berlin kommt ganz zu sich in einem als gigantischen »Dritte-Welt-Café« zur Weltbeglückung getarnten neuen Kolonialismus. Die Welt betrachtet hier künftig nicht sich selbst, sondern allein das verquere Berliner Selbstverständnis. Aber bitte nicht aufregen, das sind die Gene dieser Stadt, würde Scheffler an dieser Stelle besänftigend einwenden.

Damit Sie, geneigter Leser, jetzt keine Angst bekommen vor diesem Buch: Mindestens so gut wie die Passagen über die Ewigkeit des Geistes der Kolonialstadt sind Schefflers Zornausbrüche gegen die »kolonistenmäßige Anspruchslosigkeit« der Berliner Brotsorten, »die Essen zu etwas wie einem notwendigen Übel macht«. Oder mein Lieblingssatz: Berlin ist »nicht das Resultat eines Stadtbewußtseins, sondern ein Produkt des Baumarktes«. »Mach es zu Deinem Projekt«, so dröhnt es uns – ganz gemäß Schefflers Analyse – in diesem Herbst von den Plakatwänden der Berliner Baumärkte entgegen. In diesem Sinne also: Raus aus den Projekten, raus aus den Baumärkten, rein in dieses Buch!

# BERLIN
# ein Stadtschicksal

*»Wie an dem Tag, der dich der Welt verliehen,*
*Die Sonne stand zum Gruße der Planeten,*
*Bist alsobald und fort: und fort gediehen,*
*Nach dem Gesetz, wonach du angetreten.«*

Goethe

# Die Betrachtungsweise

Jede Stadt ist ein Individuum.

An jede einzelne denkt man zurück wie an eine Persönlichkeit; jede hat ihre besondere Stimmung, ihre Atmosphäre, eine nur ihr eigentümliche Physiognomie und einen Gesamtcharakter, der sich unvergeßlich einprägt. Es kommt beim Gefühl dieser Stimmungen nicht in Frage, ob man sich in einer Stadt wohl befunden hat oder übel, ob man gern darin lebt oder ungern; es handelt sich vielmehr um Eindrücke, in denen embryonisch die ganze Kausalität der Stadtgeschichte enthalten ist, um Impressionen, deren Objektivität über allen Sympathie- und Antipathiegefühlen steht. Ein synthetisch gerichteter Instinkt ist es, der Einem in Stimmung umsetzt, was man die Seele des Stadtindividuums nennen kann. In jeder Stadt erhalten sich die spezifischen Bedingungen ihrer Entstehungsweise, die Ursachen, die sie werden ließen und gerade so werden ließen wie sie ist. Und dieser stets gleichartige Einfluß, jahrhundertelang auf Sitten und Gewohnheiten, auf Handel und Wandel, Architektur und Kleidung ausgeübt, formt alles Einzelne mit so gleichmäßigem Willen, daß man sich überall vor Einheiten sieht, ohne doch gleich sagen zu können, inwiefern es Einheiten sind. Es wäre noch zu konkret, wenn man sagte, verschiedene Stadtstimmungen unterschieden sich dem Gefühl wie Farben dem Auge; eher schon könnte man sagen, sie wären differenziert wie Gerüche. Auch will es wenig sagen, wenn man konstatiert, daß es aristokratische Städte gibt und plebejische, heitere und düstere, melancholische und idyllische, patrizierhafte und parvenümäßige. Solche Worte sind den Stadtcharakteren gegenüber so wenig zureichend, wie sie es menschlichen Individuen gegenüber sind. Anschauung ist alles.

Dennoch kennt und versteht man die Individualität einer Stadt erst wahrhaft, wenn die Gefühlsimpression, die man von ihr empfängt, auch gedacht werden kann, wenn man die Mühe nicht scheut, jene instinktiven Empfindungen, in denen embryonisch die ganze Kausalität der Stadtgeschichte erfaßt wird, an der Hand eben dieser Geschichte zu analysieren, wenn es gelingt, das Anschauungsresultat aus der Entstehungsgeschichte noch einmal, und dieses Mal bewußt, zu gewinnen.

Auch ist diese Art der Gefühlsanalyse, diese Betrachtung des Volksgeistes, wie er sich den Körper einer Stadt baut, im höchsten Maße immer lehrreich und darum genußvoll. Denn indem man so das Schicksal von Städten zu erkennen sucht, blickt man auf Energien, die jenseits von gut und schlecht sind. Wo Notwendigkeiten und Bestimmungen sichtbar werden, da schaut man immer auch mit Ehrfurcht an. Es ist darum nicht nur eine Handlung des Gehorsams gegen die Natur, sondern auch eine Tat der Klugheit, die bestimmenden Kräfte vor allem dort aufzusuchen, wo nicht ohne weiteres die Sympathie spricht, und gerade Dinge, von denen man sich abgestoßen fühlt, ganz objektiv zu nehmen. So nur söhnt man sich mit der Tragik aus, der alle Lebenserscheinungen unterworfen sind.

Wie jeder Mensch zur Hälfte ein Produkt der Art, der Gattung, also etwas Typisches ist, und zur anderen Hälfte etwas Einmaliges, ein Resultat besonderer Verhältnisse, so zeigt auch jede Stadt typische Merkmale ihrer Entstehung neben den bestimmten, nur ihr eigentümlichen Entwicklungszügen. In allen unsern Städten, die historisch geworden sind, wiederholt sich derselbe Werdeprozeß. Jede Stadt ist, zum Beispiel, ein Mittelpunkt größerer oder kleinerer Interessengebiete, es entwickelt sich überall die Bürger-, die Bischofs- oder die Fürstenstadt vom Rathaus, von der Kirche, vom Schlosse oder der Pfalz aus, es wird aus der Siedelung eine befestigte Stadt, die wachsend dann einen Festungsgürtel nach dem anderen sprengt, bis die Mauern endlich verschwinden und vom alten Kern aus die Vorstädte unregelmäßig ins Land dringen. In allen alten Städten findet man die den ehemaligen Mauern und Stadtgräben folgenden peripherischen und die vom Zentrum ins offene Land weisenden radialen Straßen und sieht überall eine ähnliche Anlage der wichtigsten Gebäude; kurz, man nimmt überall wahr, daß dieselben sozialen und wirtschaftlichen Bedürfnisse zu einer typischen Struktur des Gehäuses Stadt drängen. Andererseits stellt sich dieser gesetzliche Werdeprozeß jedesmal in besonderer Weise dar. Wie alle Menschen gleichartig organisiert sind, wie sie im wesentlichen verwandt fühlen und wollen, und doch alle voneinander verschieden sind, im Körperlichen wie im Seelischen, jeder Mensch ein Wesen für sich, wie es niemals schon da war und es nie wieder sein wird, so ist auch jede Stadt etwas Einziges.

Es gibt nun Städte, die man nur schildern kann, indem man vom Typischen ihrer Entstehungsweise ausgeht, und es gibt andere, für die ihre besonderen Determinationen das Wichtigere sind. Jene ersten sind fast immer wahrhafte Hauptstädte und Mittelpunkte eines Landes, sind reiche, schöne Städte, harmonisch ausgebildete Organismen der Geschichte; diese letzten dagegen sind in der Regel Städte, die sich unter Schwierigkeiten aller Art und zur Hälfte immer künstlich entwickeln mußten und die sich ungünstigen Verhältnissen anzupassen hatten. Gleichen die einen glücklichen Menschen mit edel ausgebildeten Gaben, so gleichen die anderen Charakteren, die es sich mit dem Leben müssen sauer werden lassen und die durch die Lebensmühe, die sie haben, unliebenswürdig und problematisch werden.

Zu den Städten dieser letzten Art gehört Berlin. Es ist kein Stadtindividuum, das sich mit siegreicher Souveränität Jeden unterwirft, der sich ihm naht; es ist keine Stätte, wo sich der Deutsche heimisch fühlt, wo er sich die wertvollsten nationalen Traditionen und die Genesis der Stadtgeschichte in der Form einer gefestigten Stadtkultur lebendig entgegentreten fühlt. Berlin ist vielmehr wie ein riesiges Notgebilde und schwerer als andere Städte als Einheit zu begreifen. Nichtsdestoweniger ist es ein Organismus, ein Stadtindividuum, und will als solches verstanden werden. Mehr als eine andere deutsche Stadt fordert die Reichshauptstadt jene über Sympathie und Antipathie erhabene objektive Betrachtungsweise, die scheinbar kalte und indifferente Untersuchungsmethode, die allein imstande ist, den Schleier geschichtlicher Notwendigkeit ein wenig zu lüften. Nur ein Blick auf das historische Müssen im Sein und Werden Berlins, ein Blick auf das in Glück und Unglück fast tragische Schicksal dieser Stadt, ist imstande, die heftigen Instinkte der Abneigung höherer Ehrfurcht zu unterwerfen. Wo rückhaltlose Bejahung unmöglich ist, die Verneinung des von der Geschichte Gegebenen aber lächerlich wäre, bleibt nur jener Blick auf die Bestimmung, der mit dem isolierten Objekt zugleich dessen Entwicklungsgesetz wahrnimmt und darüber die Worte schön und häßlich fast vergißt.

Fast! denn wer vermöchte diesen Standpunkt eines ehrfürchtigen Fatalismus dauernd zu behaupten!

# ENTWICKLUNGS-SCHICKSALE

# Die Kolonialstadt

Versucht man, Berlin, die zur Millionenstadt und Reichshauptstadt gewordene Siedelung germanischer Ackerbauern und wendischer Fischer, mit einem Wort zu charakterisieren, das nicht nur für die ersten Jahrhunderte der Stadtgeschichte, sondern auch heute noch Geltung hat, so hilft dazu ein Gedanke, den Eduard Heyck in seiner *Deutschen Geschichte* wenn auch im Vorübergehen nur andeutet, wo er sagt, daß dem Ostelbier immer noch ein »feinen Instinkten wahrnehmbares Ingredienz des Kolonialmenschen« anhaftet. Verwendet man dieses glückliche Anschauungsergebnis bei der Betrachtung Berlins, der Hauptstadt Ostelbiens, so kommt man zu der Formulierung, Berlin sei geworden was es ist als Residenzstadt eines Koloniallandes, es sei, heute noch wie vor vielen hundert Jahren, recht eigentlich eine Kolonialstadt.

Berlin ist niemals ein natürliches Zentrum, niemals die vorbestimmte deutsche Hauptstadt gewesen. Es lag von jeher weit ab von den Stammgebieten der deutschen Kultur, ja, der deutschen Geschichte; es ist zu all seiner ungeschlachten Mächtigkeit wie nebenher emporgewachsen. Jahrhundertelang wurde Berlin kaum genannt, wo Angelegenheiten des Deutschen Reichs verhandelt wurden; denn diese Stadt war immer ein Außenwerk und ist es im gewissen Sinne noch heute. Auch jetzt ist Berlin noch eine Grenzstadt und liegt nach wie vor an der östlichen Peripherie der deutschen Kulturzone. Auf den gegen Morgen führenden Landstraßen vor den Toren dieser Grenzstadt beginnt gleich der Osten. Der Osten!

das will sagen: das weite, flache, unermeßliche Vorland des Deutschtums, das alte Kolonialland, den Wenden und Polen, der untüchtigeren slawischen Rasse, Stück für Stück entrissen, einer kargen, unwirtlichen Natur Meile um Meile abgewonnen. Bis Berlin reichte immer eben noch der Strom deutscher Kultur, dessen Quellen im Westen und Süden des deutschen Landes entsprangen; dann versiegte er, als hätte ihn die ungeheure Düne der Eiszeit, auf deren Sand Berlin erbaut ist, verschluckt. Weiter nach Osten scheint nur noch die Notdurft zu regieren. Zum deutschen Westen und Süden verhält sich der Osten wie zum Mutterland das Tochterland. Berlin ist ein vorgeschobener Punkt, gerade noch westlich genug gelegen, um nicht abgeschnitten zu sein; was aber dahinter kommt, inmitten dieses endlosen Ostlandes, das direkt in die russischen Ebenen hineinzuführen scheint, das ist Kleinstadt, Landstadt oder Verwaltungszentrum. In schwermütiger Einsamkeit dehnt sich das Acker- und Haideland dahin; das Auge sieht, wohin es blickt, entweder das Nützliche und Praktische oder eine hoffnungslose Wüstenei, das ewig Gestrige und das vom Tag für den Tag Geschaffene. Das Klima sogar mutet östlich an, schon ein wenig wie Steppenklima. Solange dieses weite Land auch schon zum Reich gehört, immer scheint es noch Neuland zu sein, bewohnt von einem Geschlecht harter und trockener Pioniere.

Man wende nicht Namen östlicherer Städte ein, wie Dresden, Breslau, Stettin, Danzig oder Königsberg. Dresden scheint, entgegen der geographischen Tatsache, dem Gefühl nicht östlicher zu liegen als Magdeburg; es liegt an der Elbe, nicht in Ostelbien. Das Stadtleben Breslaus gravitiert mehr fast als nach Berlin nach Österreich und Wien. Und Städte wie Stettin oder Danzig, ja selbst Frankfurt an der Oder ein wenig, gehören nicht eigentlich dem Osten an, sondern dem Norden. Es sind Seestädte, Küstenstädte; sie beweisen einmal mehr, daß das Wasser von alters her bessere Verbindungen geschaffen hat als das Land, daß der Seemann mehr als der Landmann ein Verbreiter und Befestiger der Kulturformen ist. Stettin, Danzig und Königsberg, ja Riga und Reval, sind sozusagen einst Nachbarstädte von Hamburg und Lübeck gewesen, sind Gründungen desselben niederdeutschen Unternehmungsgeistes, Stätten desselben niederdeutschen Kulturbehagens. Handels- und Hansastädte sind sie alle und darum weltbürgerlich in ihrer freien bürgerlichen Selbstbeschränkung. Ihnen allen lagen von alters her Dänemark, Schweden und Holland näher als die Städte im Innern. Berlin war dagegen tief im Lande, mitten in Sand, in Busch und Wald einer mit künstlichen Mitteln spärlich nur bevölkerten Kolonialgegend. Es war den Kulturträgern lange, lange Zeit nicht ein Ziel, sondern bestenfalls eine Etappenstation an der Karawanenstraße von Süden nach Norden und Nordosten; eine Niederlage für die dem Osten bestimmten Güter; ein Zufluchtsort für Solche, die nichts zu verlieren hatten. Freiwillig wählte diese Stadt nicht leicht Jemand zu dauerndem Aufenthalt, der im Mutterlande sein Auskommen finden konnte. Die dem Berlin der ersten Jahrhunderte gewährten Abgabeerleichterungen und besonderen Niederlagsrechte beweisen, wie schwer in diesem Vorwerk des Deutschtums die Pioniere zu halten waren. Andere märkische Städte, wie Spandau und Potsdam, die zur selben Zeit wie Berlin etwa, ebenfalls aus wendischen Fischerdörfern hervorgingen, unterschieden sich von der Stadt am Spreeübergang in einem wesentlichen Punkte. Sie wurden an geschützter Stelle, gewissermaßen verschanzt angelegt, im Rücken von Berlin und in dessen Schutz; sie trugen von vornherein nicht die Tendenz der Ausdehnung in sich. Berlin lag an offener Straße, dort wo der Handelsweg sich zwischen Sumpf und Luch den Weg über die Spree gesucht hatte. Im Sinne des Mittelalters waren Orte wie Spandau, Prenzlau, Bernau, Rathenau, Stendal, Brandenburg und andere Zentren der Alt- und Mittelmark viel mehr typische Stadtorganismen. Sie alle hatten als Burgen und Festungen, als Zufluchtsorte der Landbevölkerung, als Bischofsstädte, Residenzen und Kulturmittelpunkte mehr Bedeutung als das ungeschützt, wie eine zufällige Siedelung daliegende Berlin. Dieses hatte von vornherein etwas von der Formlosigkeit einer modernen Arbeitsstadt. Die Berliner führten gegen die Wenden freilich denselben Selbsterhaltungskrieg wie jene anderen Städte; aber sie betrachteten die Ostmark zugleich auch instinktiv als ihr wichtigstes Absatzgebiet. Sie schlossen sich nicht ab, sondern knüpften Beziehungen bis tief ins Polnische hinein. Und hierdurch eben, durch diese Vermittlerrolle zwischen dem alten deutschen Westen und dem neuen deutschen Osten kam es, daß Berlin, ohne eigentlich eine Handelsstadt zu sein, zu einer Gründung mehr des Unternehmungsgeistes als der Abwehr wurde. Das hat den Grund schon gelegt zu ihrer modernen Macht und Größe; das hat der Stadt von vornherein Bedeutung über ihre wirklichen, meistens sehr problematischen Machtmittel hinaus verliehen. Wie wir es oft in der Geschichte sehen, daß die Kolonien, wenn ihre in Rauheit erzogene Jugendkraft zu Jahren kommt, das Mutterland überwinden, so ist das halb unbeachtet, halb verachtet im fernen östlichen Winkel sich mühsam entwickelnde Berlin zu einer Großmacht, zum Mittelpunkt eines neuen Königreiches und eines Tages dann gar zur Hauptstadt eines großen Reiches geworden. Trotzdem ist es eine Kolonialstadt geblieben, immer in erster Linie abhängig von der Geschichte des preußischen, schlesischen oder polnischen Kolonialbesitzes, immer nach Osten gerichtet und immer jeder neuen Generation einen neuen Pioniergedanken überweisend. Es ist geworden was es ist, weil seine Stadtgeschichte in gewisser Weise die Geschichte der Mark, des ganzen östlichen Koloniallandes widerspiegelt und weil von vornherein in diesem Stadtgebilde, gerade um seiner städtischen Formlosigkeit willen, Spielraum für unbegrenzte Möglichkeiten gewesen ist.

## Die Bevölkerung

Alle Hauptstädte Europas sind anders entstanden als Berlin. Sie sind geworden wie sie sind, weil sie von Anfang an natürliche Mittelpunkte waren und Sammelbecken, in denen die besten Energien des Volkes in dem Maße zusammenflossen, wie das Gemeinschaftsbewußtsein wuchs; weil sie das Herz der Länder waren, zu dem alle Kräfte hinstreben, um gleich auch wieder befruchtet zurückzukehren. Darum finden wir in Hauptstädten wie Paris, Wien, London, Kopenhagen, in Großstädten wie Hamburg, Köln, Dresden oder München immer eine wirkliche, in sich abgeschlossene Stadtwirtschaft und eine Bevölkerung, die einen Volksextrakt darstellt. Eine Bevölkerung, die bestimmte nationale Eigenschaften in Reinkultur verkörpert und in der Alles, was in der Provinz Instinkt ist, Kulturbewußtsein gewinnt. Anders in Berlin. Das ist entstanden infolge eines Vorstoßes pionierender germanischer Stämme ins Wendengebiet. Es ist in der Folge nur gewachsen, wenn neuer Zuzug aus dem Westen, dem Süden oder gar aus fremden Ländern kam. Stieg die Bevölkerungsziffer, so geschah es, wenn Markgrafen, Kurfürsten und Könige neue Kolonisten in die Mark zogen. Berlin ist buchstäblich geworden wie eine Kolonialstadt, wie im neunzehnten Jahrhundert die amerikanischen und australischen Städte tief im Busch entstanden sind. Wie der Yankee das Produkt von deutschen, englischen, irischen, skandinavischen und slawischen Volkselementen ist, so ist der Berliner das historische Produkt einer Blutmischung, deren Bestandteile aus allen Gauen Deutschlands, aus Holland, Frankreich und den slawischen Ländern stammen. Niemals wäre diese künstliche Mischung möglich gewesen, wenn nicht die Eroberung des Neulandes, wenn nicht die Not des Lebens einigend gewirkt hätte. Nur durch den harten Zwang von Gefahr und Not waren die fremdartigen Elemente zu verschmelzen. Auswanderer pflegen nicht der Blüte des Volkes anzugehören. Der Tüchtige, der es zu etwas bringt, ist zu allen Zeiten daheim geblieben und hat zu Hause das Regiment geführt. Die Kolonisten, die nach dem freudlosen Osten zogen, in die freudlose junge Germanensiedelung Berlin oder die sich dahin ziehen ließen, zuerst von den Lokatoren, Mönchen und Markgrafen, später von den Kurfürsten und Königen und endlich von den neuen wirtschaftlichen Möglichkeiten der Großstadt, das waren im wesentlichen halb oder ganz Enterbte. Es waren energische, willensstarke, beutehungrige und freiheitsdurstige Menschen, erblose Söhne, Unterdrückte, Besitzlose und Solche, die zu Hause nicht im besten Ruf standen. Und dann der große Haufen Vertriebener oder Ratloser, der sich von Unternehmern durch die Anpreisung wohlfeilen Anbaulandes herüberziehen oder sich von Voraufgegangenen herüberlocken ließ. Ein Kulturbildner ist solche Mischbevölkerung nicht. Sie kommt spät oder gar nicht zur Ruhe des Genusses, wird schwer nur zu einer geistigen Einheit und findet darum nicht schöne synthetische Lebensformen. Aber dafür wird sie widerstandsfähig, praktisch, hart und zähe im Daseinskampfe, wird yankeehaft unternehmend und im profanen Sinne tüchtig im Wollen und Vollbringen.

Als der Sohn eines bunten Auswanderergeschlechts ist der Berliner also, wie er uns aus den Jahrhunderten entgegentritt, zu betrachten. Als ein Abkomme jener ersten Altfriesen und Niedersachsen, die im zwölften Jahrhundert aus der Altmark vordrangen, die Wenden nach Alt-Kölln, auf die sumpfige Flußinsel zurückdrängten und sich am rechten Ufer des Flusses festsetzten; als ein Nachfahre jener von den Cisterciensern geführten Germanisierer, jener von dem Wendenbesieger Albrecht dem Bären herübergerufenen Rheinländer und Niederländer, deren Erfahrung in der Kultivierung sumpfigen und sandigen Landes sie als besonders geeignet zur Bewirtschaftung des märkischen Bodens erscheinen ließ. Aber nach den ersten Pionieren, die zugleich mit Pflug und Schwert eroberten, drangen jahrhundertelang dann neue Ansiedler herzu, sie kamen von allen Seiten während der Regierung der Askanier und Wittelsbacher, während der Kämpfe zwischen Bürgern, Adel und Fürsten, während die Mark erobert, verwüstet, verpfändet und von den Reichsfürsten so recht wie ein fernes Meiergut behandelt wurde, von dem nur der Zins interessiert. Sie kamen als Söldner, Abenteurer und Vaganten und blieben als Kolonisten, als Ackerbürger, Handwerker oder Krämer in Kölln und Berlin. In dem Maße, wie die besiegten Wenden dann nicht mehr so sehr als Feinde, als Paria betrachtet wurden, als man sie nicht mehr so strenge zwang, in Kietzen und Sumpfdörfern den neuen Herren aus dem Weg zu gehen, fand in der Folge auch eine germanisch slawische Blutmischung statt. Wie viele Elemente der wendischen Sprache in die der Eroberer hinübergenommen wurden und wie dadurch ein charakteristisches Kolonistenjargon entstand, so mischte sich auch vom Denken und Empfinden der Besiegten Manches in das der Sieger, deren Art determinierend und wesentliche Züge Dessen ausprägend, was uns in der späteren Geschichte als märkisch und speziell als berlinisch entgegentritt. Diese germanisch-slawische Blutmischung hat ja im ganzen Nordosten, bis hinunter nach Sachsen und Schlesien, einen eigenen Typus geschaffen; in Berlin resultierte daraus aber eine eigene Nuance, weil die Blutmischung dort früher und intensiver als anderswo erfolgte. Diese Mischung hatte längst begonnen, als die Hohenzollern in die Mark kamen, als der Schwarze Tod würgend durch die schmutzigen Gassen der beiden Spreestädte Kölln-Berlin schritt, die junge Siedelung entvölkernd und immer neuen Zuzug aus dem Reich fordernd. Am Anfange des sechzehnten Jahrhunderts werden charakteristische Schimpfreden wie »wendische Hunde« oder »wendische Bankerte«, die vorher oft genug bei Tumult und Aufruhr über den Mühlendamm und die Lange Brücke herübergerufen worden sind, bereits vergessen worden sein. Denn zu diesem Zeitpunkt hatten sich die unendlich heterogenen Elemente der Doppelstadt notdürftig schon geeinigt; oder sie hatten sich vielmehr im wahren Sinne des Wortes »zusammengerauft«. Als dann aber der Dreißigjährige Krieg die am Flußübergang allen durchziehenden Soldatenhaufen offen daliegenden Städte schwer getroffen, ja fast vernichtet hatte, als die Bevölkerung infolgedessen so dezimiert worden war, daß man in Berlin nur noch 556 Haushalte und in Kölln 379 zählte, als in der unter schwedischer Oberhoheit hinvegetierenden Stadt so großes Elend herrschte, daß von den Bürgern ernsthaft der Plan einer Massenauswanderung, einer Aufgabe der Stadt erwogen wurde, da waren es wieder fremde Einwanderer, vom Großen Kurfürsten nun herbeigerufen, die die Lücken füllen mußten. Daß Berlin nach dem Dreißigjährigen Kriege so ganz verzagen konnte, ist ein deutliches Zeichen, daß es zu diesem Zeitpunkt sogar eine Stadt mit unerschütterlichem Stadtbewußtsein noch nicht war. Magdeburg ist in schrecklicherer Weise zerstört worden, aber niemand hat daran gedacht, die Stadt aufzugeben. Denn in diesem Falle war die Stadt ihren Bewohnern eine Heimat, eine rechte Vaterstadt; und das eben vermochte selbst das Berlin der Spätrenaissance seinen Bürgern noch nicht zu sein. Die Doppelstadt war einmal kein natürlicher Mittelpunkt, zu dem das Leben des Landes immer aufs neue gravitierte und in dem sich die Elite des Volkes sammelte, sondern ein vorgeschobener Posten, der von Jahr zu Jahr aufs neue verteidigt sein wollte und zu dem immer neue Menschenmassen, Germanen und Slawen, Franzosen und Juden halb gewaltsam hingeführt werden mußten. Und als sich die Straßen nun unter des Großen Kurfürsten klug ordnender und mehrender Regierung wieder füllten, als die zerstörten Häuser aufgebaut, die leeren Wohnungen bezogen und neue Stadtteile angelegt wurden, da konnte ein schöpferisches Heimatgefühl selbst von diesem genialen Mann nicht mitgeschaffen werden. Denn nun wurde Berlin von neuem der Ort eines wahrhaft kolonialen Völkergemisches. Die französischen Hugenotten, die in so großer Zahl herbeigezogen wurden, daß man ihnen besondere Stadtteile mit eigenen Schulen, Gerichten, Kirchen und Spitälern anweisen mußte, die lange Zeit mehr als ein Fünftel der ganzen Bevölkerung ausmachten und die französische Sprache in Berlin einbürgerten, brachten fremde romanische Elemente und Kulturformen, die ganz äußerlich bleiben mußten, weil die östliche Stadt für die Segnungen der importierten Industrien längst noch nicht ein fruchtbarer Boden war; die einwandernden Holländer suchten dort, wo sie als Baumeister und Organisatoren Wirkungsmöglichkeiten fanden, ihre heimische Lebensart in die Mark zu übertragen, ohne daß ein starker Lokalgeist ihre Eigenart doch hätte verarbeiten können. Daneben kamen dann Scharen von Pfälzern und Schweizern, von Salzburgern und von böhmischen und mährischen Methodisten. Es bedurfte wieder der angestrengten Arbeit einiger Generationen, bis die Réfugiés Berliner, die Holländer, Waldenser, Österreicher und alle die Anderen gute Märker geworden waren. Die Stadtbevölkerung wirkte sogar noch ganz uneinheitlich und setzte sich aus vielen verschiedenen Interessenkreisen zusammen, als Friedrichs des Großen Kriege, als die aus Werbetruppen bestehenden Heere immer neue Volkselemente wieder in die junge Preußenresidenz brachten, als dieser mächtige Wille eine eigene »Kommission zur Herbeischaffung von Kolonisten« einsetzte und seine Gesandten in den fremden Ländern anhielt, »fleißigen und arbeitsamen« Arbeitern alle möglichen Vorteile zu versprechen, als er mit Hilfe von Pfälzern, Schwaben, Polen, Franken und Westfalen den Oderbruch trocken legte, mehr als eine Provinz »im Frieden« eroberte, und als alle diese Fremdlinge von nun an Berlin als ihr Stadtzentrum zu betrachten hatten. Nichts ist bezeichnender dafür, was der jungen Kolonialstadt auch zur Regierungszeit des großen Friedrich noch am meisten not tat, als der fast verzweifelte Ausruf dieses großen Kolonisators: »Menschen, vor allem Menschen!«

Es leuchtet ein, daß eine so gewordene Bevölkerung nicht schöpferisch in den Dingen höherer Kultur sein kann. Dazu gehört Ruhe, konservatives Behagen und eine sichere, stetige Entwicklung. Nicht einmal eine Fremdkultur konnte entstehen. Denn die aus alten Kulturbezirken kommenden Fremden, denen in Berlin so bereitwillig Unterkunft gewährt wurde, waren durchweg Vertriebene, Flüchtlinge und Besitzlose. All ihr Sinnen mußte viele Generationen hindurch darauf gerichtet sein, ein neues Hauswesen zu gründen, aus dem Nichts neuen Wohlstand zu gewinnen. Sie mochten wollen oder nicht: auch sie waren darauf angewiesen, materiell zu handeln und zu denken. Das heißt: auch sie mußten sich dem Geiste der Stadt unterwerfen, dessen Schicksal von je darin bestand, daß die Bewohner Berlins zuviel immer mit dem Erhaltungskampf, mit dem Ringen um die nackte Existenz zu tun gehabt haben, um zum Gefühl ihrer selbst kommen zu können, um des Überschusses fähig zu sein, woraus Kulturformen erst hervorgehen.

Eine Stadtbevölkerung mit gewissen typischen Zügen tritt dem Betrachter erst in den ersten Jahrzehnten des neunzehnten Jahrhunderts entgegen. Um diese Zeit waren die Volksteile und Rasseneinflüsse besser verschmolzen als jemals vorher oder nachher, und man erblickt darum nur in dieser Zeit ein Berlinertum mit eigentümlichem Profil. In den Friedensjahrzehnten nach dem Siebenjährigen Krieg und mehr noch nach den Befreiungskriegen kommt endlich der fremde Einschlag als ein spezifisch berlinischer Zug zum Vorschein. Ein leises Bürgerbehagen macht sich bemerkbar. Die Berliner dieser Zeit sind immer noch ein »verwegenes Geschlecht«, wie Goethe sagte, sind nüchtern, praktisch, materiell und schwer einzuschüchtern; aber sie beginnen endlich doch im gewissen Sinne eine Einheit zu werden. Sie beginnen ihre Mission, den profanen Wert ihrer Eigenart zu begreifen. In dem Berliner, wie er als Typus nun hervortritt, ist nichts Faules. Er ist bildungshungrig bis zum Übereifer und eifersüchtig bedacht, alles Lernbare zu lernen, alles zu Begreifende zu verstehen; aber er ist als Skeptiker und Ironiker – sogar Selbstironiker – auch der geborene Kritiker aller Werte, die er selbst hervorzubringen nicht imstande ist. Reich an Interessen, aber nicht begeisterungsfähig, überall immer mit seiner bilderlosen Phantasie die Materie berührend; ohne natürliche Anlage für das zwecklos Schöne und musikalisch Klingende, aber tauglich für jede Arbeit fast, die der Tag fordert und die dem Tage nützt. Romanischer Esprit ist in diesem Berliner zur Lust am parodistischen Witz geworden und süddeutsches und niederländisches Kulturbewußtsein zu einem Kulturehrgeiz, dessen Werkzeug der Eklektizismus ist. Nachklänge des Slawentums sind bemerkbar, und man entdeckt viele provinzielle Kleinbürgerzüge, die aus Schlesien und Sachsen stammen. Eine trockene Gefühlskälte herrscht vor und in vielen Äußerungen kommt der spöttische Neid leidenschaftlich strebender Autodidakten zum Vorschein. Es fehlt das Pathos, das falsche, aber auch das echte, und damit fehlt die Fähigkeit, sich schön darzustellen. Es ist in dieser Stadtbevölkerung keine Großsinnigkeit und keine aristokratische Konzilianz; statt dessen ist ihr viel bäuerische Pedanterie und bürokratischer Formalismus eigen. Aber auch die Verschlagenheit und List der jahrhundertelang arm und kümmerlich dahin Lebenden und hart um die Existenz Kämpfenden ist darin. Und damit hängt dann eine weltkluge Heuchelei zusammen, die sich hinter schnoddriger Aufrichtigkeit nur halb verbergen kann. Nichts scheint ursprünglich und natürlich im Berliner der besten Zeit sogar, als nur seine Unliebenswürdigkeit und sein Kolonistendünkel. Keine andere Stadtbevölkerung zeigt so viel Ordnungssinn, Zucht und Disziplin; aber keine hat auch so wenig naiven Sinn für Natürlichkeit. Das Kulturverlangen äußert sich als Unersättlichkeit; aber in dieser Unersättlichkeit ist dann wieder wahre Vitalität.

Daß dieser Berliner der besten Zeit, dem die nüchterne Lebenspraxis höher stand als alles Andere, sympathisch gewesen sei, kann man also nicht sagen. Aber er hat immerhin endlich ein bestimmtes Gesicht. Die karge Natur seines Landes, die Geschichte seiner Stadt hat ihn zur Sachlichkeit erzogen, hat ihn die Tugenden der Solidarität schätzen gelehrt und aus ihm ein vortreffliches Material für politische Organisatoren, einen unübertrefflichen, disziplingewohnten und doch rauflustigen Soldaten gemacht. Dieser Typus, der im bürgerlichen Milieu etwa wie ein provinzmäßiger Yankee wirkt, der bei allem Unternehmungsgeist immer etwas Subalternes behält und dessen Leitwort Pflicht heißt, wirkte auf den Süd- und Westdeutschen fremdartig und unangenehm. Verwandt mit dem Berliner, empfand in den Zeiten des deutschen Partikularismus nur der östliche Landsmann, der Schlesier und Sachse, der Westpreuße und Märker, kurz der Bewohner des Kolonialbodens. Denn dieser fühlte, wie sehr seine Interessen mit denen Berlins übereinstimmten. Vom Süden, vom Westen aber sah man mit tiefem Mißtrauen auf das sich von Jahrzehnt zu Jahrzehnt zu immer größerer Macht emporarbeitende Berliner

Autodidaktentum, sah mit peinlicher Verwunderung auf die Kolonialstadt, die sich eben anschickte, der Reichspolitik bestimmende Wendungen zu geben, und die dem Gefühl des im Mutterland Wohnenden doch immer noch fern und fremd, ja beinahe undeutsch erschien.

## Die Fürsten

Die Fürsten eines Landes können dauernd niemals gegen die Bestimmung ihres Volkes regieren. Sie können Macht und Ansehen nur erlangen, indem sie sich zu Führern Dessen machen, was dem ganzen Volke Schicksal ist. Indem sie sich aber, Generation auf Generation, dieser Aufgabe unterziehen, modelt sich unmerklich ihre Wesensart nach der des Volkes. Es entsteht eine Familienbeziehung zwischen der Dynastie und dem Volke.

Im engeren Sinne noch gibt es solche Charakterannäherung dann zwischen den Fürsten und den Bewohnern ihrer Haupt- und Residenzstadt, weil dort die Interessengemeinschaft noch intimer ist. Die Bevölkerung der Stadt beeinflußt unmerklich die Psyche seines Fürstengeschlechts und erkennt sich in seinen Repräsentanten selbst dann wieder. Auch in Berlin stellt sich diese Übereinstimmung von Regenten und Regierten deutlich dar. Wie die französischen Könige immer mehr oder weniger Pariser, die österreichischen Kaiser stets gute Wiener gewesen sind, so sind den preußischen Königen und ihren Vorfahren, den Kurfürsten, immer typische Züge des Berlinertums eigen gewesen. Wir erblicken in den Hohenzollern ein wesentlich bürgerlich denkendes Fürstengeschlecht, das sich nicht im Hochgefühl selbstherrlichen Autokratentums sonnt, sondern allem voran seine harte Regentenpflicht empfindet. Pflicht: das war immer auch das Leitwort dieses zuverlässigen, puritanisch selbstgerechten Fürstengeschlechts, das aus Kolonisatoren und Pionieren bestand. Man findet in der Hohenzollernschen Fürstenreihe wenig anmutiges Talent; und wo das Genie einmal durchbricht, erscheint auch dieses nur wie eine Steigerung profaner Arbeitskraft. Dafür aber findet man eine merkwürdig gleichmäßige Tüchtigkeit, ein selten nur versagendes Verantwortlichkeitsgefühl. Eine harte, trockene, nicht selten sogar rohe Männlichkeit, der gewisse großbäuerliche Züge eigen sind, ist für diese Fürsten charakteristisch. Neben den spartanischen Tugenden des widerstandsfähigen Kolonisten zeigen sich die Fehler der Pioniernaturen: Unbedenklichkeit in den Mitteln und, hart neben dem Sinn für Sparsamkeit, Lust am Parvenühaften. Das Wesen der Hohenzollern ist auf harten Realismus gegründet, auf trockenen Sachsinn. Sie sind junkerhaft derb bis zum Materialismus und bürgerlich einfach; sie fühlen sich als Verwalter ihrer Kolonialgebiete, als Diener ihres Volkes und gleichen durchweg strengen Hausvätern, die die Not gelehrt hat, vorsichtig und mißtrauisch dem Schicksal gegenüber zu sein. Oder sie sind doch neutrale Naturen, die vom Bedürfnis des Augenblicks das Gesetz ihres Handelns empfangen.

Es ist, als hätte der erste Hohenzoller, Friedrich, seinen Wahlspruch: »ein Amtmann Gottes am Fürstentum zu sein, damit das Recht gestärkt, das Unrecht aber gekränkt werde«, für alle Nachfolger mit verkündet. Amtmännern gleichen sie in der Tat alle. Darum tritt die Leistung so oft stärker hervor als die Persönlichkeit. Die Kämpfe mit dem aufsässigen Adel, mit den Städten und den Slawen haben niemals den Charakter romantisch pathetischer Ritterlichkeit, sind niemals schön inszenierte Abenteuer, sondern gleichen mehr derben Auseinandersetzungen von Erben und Konkurrenten. Es ist durchaus charakteristisch, daß die Mark von den Hohenzollern nicht erobert, sondern gekauft worden ist, daß die Geschichte der Mark jahrhundertelang ebensosehr eine Geschichte von Käufen, Tauschgeschäften, Verpfändungen und Wiedereinlösungen ist wie eine Chronik von Kriegen und Eroberungen. Das ist ganz kolonialmäßig. Die einzelnen Fürsten konnten sich einer landvogtmäßigen Art der Verwaltung gar nicht entziehen. Man findet in ihren Reihen darum vorsichtig diplomatische Handelsmänner und Vertragskünstler wie Johann Cicero, harte Eiferer gerechter Ordnung, wie den Raubritterbesieger und Universitätsgründer Joachim den Ersten, und gute Finanzorganisatoren wie Albrecht Achilles. Selbst ein Mystiker wie Friedrich der Zweite erscheint, an seinen Taten gemessen, wie ein sehr besonnener Realpolitiker. Von jedem der folgenden Kurfürsten fast bewahrt die Geschichte dann eine Tat praktischer Fürsorge. Sie erzählt von der Art Joachims des Zweiten, der den Nutzen der Reformation und einer festen Kirchenordnung für sein Land gleich erkannte und dessen Prunksucht den eigenen Vorteil mit dem des Landes so gut zu verbinden wußte; von der Sparsamkeit Johann Georgs und von kluger Familienpolitik, friedlichem Landerwerb und religiöser Duldsamkeit unter den folgenden Kurfürsten. Mit dem Großen Kurfürsten tritt uns dann ein großer Realpolitiker entgegen. Ein Mann, dessen Fähigkeit, zu tun was der Augenblick forderte, bis zur Genialität gesteigert erscheint. Ein großer Kolonisator und Landverweser, der ein zerfallendes Reich mit mächtigem Ruck wieder aufzurichten wußte, der mit Gewaltmitteln die Gewaltkur unternahm, die allein noch helfen konnte. Er lebt in der Geschichte fort als der Schwedenbesieger, der die Mark den Märkern und dem Reiche zurückgab; mehr aber bedeutet er dem märkischen Kolonialland vielleicht noch als innerer Organisator, als Wasserbau- und Landstraßenpolitiker, als Wiederbevolkerer Berlins, Schöpfer einer Industrie, Förderer des Ackerbaues, der Viehzucht und der Moorkultur, als Erneuerer der Armee und der Finanzverwaltung und als ein weitblickender Unternehmer, der in Afrika sogar mit vorausschauendem Instinkt seinem Lande eine Reichtumsquelle zu erschließen suchte. Nicht eigentlich ein Genie, aber ein Mann im höchsten Sinne des Wortes. Unruhig, selbst überstürzt, aber nicht phantastisch und romantisch; vielmehr hart und realistisch in jeder Idee, so sehr, daß seine den Verhältnissen des Augenblicks angepaßte Klugheit ihm neuerdings sogar als halber Landesverrat ausgelegt werden konnte. Real dachte er, als er die Macht der Dynastie neu stabilisierte, ohne auf den Adel zu rechnen, und selbst dann, als er den tiefen Plan eines gegen Österreich gerichteten evangelischen Staatenbundes faßte, wobei ihm etwas wie ein norddeutscher Zollverein, wie ein moderner Reichsgedanke vorgeschwebt haben mag.

Wenn sein Nachfolger, der prunkliebende, baulustige erste Preußenkönig, nicht die typischen Hohenzollernzüge zeigt, wenn er die Früchte Dessen genoß, was sein Vorgänger geschaffen hatte, und wenn er es in oft parvenühafter Weise tat, so weisen die beiden folgenden Fürsten um so deutlicher die Merkmale eines Berlinertums auf, das sich zu ihrer Regierungszeit langsam zu kristallisieren begann. Sie stellen dieses junge märkische Berlinertum von zwei Seiten dar. Friedrich Wilhelm der Erste zeigt es von der werktüchtig profanen Seite, und sein großer Sohn zeigt es dann in einer höchsten geistigen Möglichkeit. Jener steht da in seiner nüchternen Männlichkeit wie das verkörperte Pflichtbewußtsein, als ein Mensch mit unermüdlichem Verantwortlichkeitsgefühl, als der eigentliche »Erzieher zum Preußentum«. Nur ein so prinzipienhaft Denkender, ein so sich hart disziplinierender Geist konnte den preußischen Musterbeamten zu Dem erziehen, was er geworden ist. Es bedurfte dieser phrasenlosen, schwunglosen Tüchtigkeit für einen Administrator der Ostmark, wie er einer geworden ist, als er dem Volke Schulbildung aufzwang, eine kluge Zollpolitik rücksichtslos durchführte und mit bäuerlicher Sparsamkeit ein Staatsvermögen sammelte. Seine fast grausame Zucht machte den Sohn erst, und mit diesem das ganze Land, fähig und tüchtig zur Freiheit.

Denn als der Vertreter des Preußentums, des Berlinertums, das sich seiner Eigenart, seiner Pioniermission langsam bewußt zu werden beginnt und mit überlegener Kraft auf das deutsche Mutterland zu blicken anfängt, steht Friedrich der Große dann da. Ihn im Gegensatz zu seinem Vater zu sehen ist falsch. Je älter Friedrich wurde, desto ähnlicher wurde er auch dem mürrisch pflichtbewußten Vater. Nur stellte sich derselbe sachlich gerichtete Wille in ihm eben freier, leichter und souveräner dar. Zu der Charakterstärke des Alten kam die Kühnheit; was im Vater noch geschlafen hatte, kam im Sohne zur Besinnung. Friedrich war nicht ein landfremder Französling, kein weltbürgerlich denkendes Genie; er war im Grunde seines Wesens ganz ein Märker und war vielleicht der beste Berliner, der je gelebt hat. In ihm hat das Berlinertum eine äußerste geniale Möglichkeit erreicht. Seine Begabung war die eines Mischlings, seine Vitalität die eines Emporgekommenen. Auch sein Wahlspruch begann mit dem Worte Pflicht. Von allen Vorgängern hat keiner so bewußt und kühn kolonisiert. Seine Riesenidee, die Schlesien hieß, war nichts als der Teil einer leidenschaftlichen Ostmarkenpolitik; ein Teil Dessen, was er fortsetzte, als er den Oderbruch urbar machte, den Spreewald kolonisierte, die Netze- und Warthegebiete entwässerte und anbaufähig machte, Industriearbeiter herbeizog, Siedelungen und Bauernwirtschaften überall anlegte, seiner Kolonialresidenz Preßfreiheit gab, religiöse Duldung proklamierte, alle Geschäfte zentralisierte und das junge Staatswesen in englischer Weise fast modernisierte. Ihm ist es zu danken, daß das Kolonialreich deutsches Selbstbewußtsein errang, stark genug, um in der Folge die Einverleibung der polnischen Landstriche, die die Bevölkerung von neuem mit dem Slawentum eng verbanden, ohne Schaden ertragen zu können.

Typische Züge dieses berlinisierten Hohenzollerntums, das im Witz, in der kaustischen Schärfe, in der Selbstironie des alten Fritzen so drastisch zutage tritt, findet man dann in anderer Weise wieder in dem still bedachtsamen, trägeren Wesen Friedrich Wilhelms des Dritten. Seine Art ist freilich schon das Produkt eines gefestigten Besitzbewußtseins. Er zeigt nicht mehr die Tatkraft der Vordringenden, sondern die gelassene Ruhe der Bewahrenden. Aber innerhalb dieses ruhigeren Konservativismus, der von der despotischen Freiheitsliebe Friedrichs weit entfernt ist, sind doch auch die bürgerlichen Tugenden der Hohenzollern enthalten. Auch er dachte wirklich, und wo er sich selbst nicht zum Herrn der Realitäten machen konnte, da trat er mit sachlicher Bescheidenheit im rechten Moment zurück, um großen Realisten, wie Stein oder Blücher, Gneisenau oder Scharnhorst, die Entscheidung zu überlassen. Er hatte alle Vorurteile der Einseitigkeit; aber in ihm war doch die Gesinnung eines sozusagen latenten Kolonisators, der das Gute nimmt und bewahrt, wo er es findet. Darum konnte die Invasion Napoleons sogar den inneren Fortschritt des Landes befördern.

Dem Dritten Friedrich Wilhelm ist in manchem Zug der erste Kaiser aus dem Geschlecht der Hohenzollern dann verwandt. Nur wirkt dieser noch bürgerlicher, noch sachlicher und bescheidener. Es hat fast schon Größe, wie dieser zu ungewohnter Macht Gelangte still zurücktritt und das ungeheure Ereignis, wie das Kolonialland Preußen mit dem alten deutschen Mutterlande zu einer neuen Einheit verbunden wird, sich entwickeln läßt; wie auch sein Realitätsgefühl große Wirklichkeitsmenschen wie Bismarck, Moltke und Roon gewähren läßt und wie auch er sich bemüht zu tun, was fast alle seine Ahnen getan haben, was zu tun die Verhältnisse und das Volksmilieu, worin sie lebten, sie gezwungen haben: vom Objekt das Gesetz zu empfangen. Das Objekt, das ist in diesem

Fall das Entwickelungsgesetz der Mark und der Hauptstadt Berlin. Während aller Jahrhunderte, wo die Hohenzollern in Berlin residierten, ist es ihre Aufgabe gewesen, die Elemente der sich stetig erneuernden Kolonialbevölkerung zusammenzuschweißen zu einer leistungsfähigen Einheit. Sie alle sind zu derselben Arbeit geboren worden, die die Stadtbevölkerung von Berlin zu leisten hatte; darum haben sich Fürsten und Volk gegenseitig determiniert, darum sind sie im gleichmäßigen Nebeneinander zum Gefühl ihrer selbst gekommen, darum sehen wir überall Parallelen. Volk und Fürst haben mit gleicher Tendenz am inneren und äußeren Berlin gebaut und ihm den utilitaristischen, den physiognomielosen Charakter einer Stadt gegeben, die nicht eigentlich eine Bürgerstadt ist und auch nicht recht eine Fürstenstadt, sondern eine mit den Mitteln des bürgerlichen und fürstlichen Städtebaues geschaffene Kolonialstadt.

## Der Stadtgeist

Aus dieser geistigen Disposition bei Volk und Fürsten und aus solchen Entwicklungsschicksalen ist es zu erklären, daß Berlin ein fruchtbarer Boden für religiöse Ideen niemals gewesen ist. Der nüchterne Utilitarismus hat in allen Jahrhunderten eine entschiedene religiöse Indifferenz im Gefolge gehabt, selbst in Zeiten, wo im übrigen Deutschland fanatisch um Gottesideen gekämpft wurde. Der niemals ermattende Kampf um die persönliche und kommunale Notdurft ließ nicht Zeit zur Sorge für übersinnliche Gedanken. Berlin hat sich auch insofern recht als eine Kolonialstadt erwiesen, als darin Jedermann in seiner Fasson hat selig werden können. Was die Stadt immer wieder brauchte, das waren tüchtige, praktische Arbeiter, Desperados kolonialer Eroberertätigkeit und Menschen mit nüchtern zäher Pioniergesinnung. Um das Verhältnis der als Ansiedler in die Stadt kommenden Fremden zur Kirche sich viel zu kümmern wäre unpolitisch gewesen; es hätte den Bestand des Gemeinwesens in Frage gestellt. Im Gegenteil: die verschiedengläubigen Ansiedler konnten nur angelockt und festgehalten werden, weil Berlin von früh auf schon als eine Art von religiöser Freistatt galt. Darum ist in der Geschichte Berlins von einem bestimmten, einheitlichen, religiösen Willen nichts zu berichten. Die mehr wirtschaftlich gemeinte, gelegentliche ungeduldige Auflehnung gegen Papst und Kirchenregiment im Mittelalter kann nicht so genannt werden. Berlin wurde von Anfang an von Magdeburg, Brandenburg oder Spandau aus kirchlich regiert, weil die Ansiedlerstadt für

Mönche und Bischöfe von vornherein ein unfruchtbares Gebiet war. Sie wurde 1539 lutherisch, ohne daß es zu anderen als rednerischen Auseinandersetzungen gekommen wäre; denn Berlin war prädestiniert, eine protestantische Stadt zu sein. Nicht der Ort eines finstern, puritanischen Protestantismus, sondern eines Bekenntnisses, das auch die Gottidee als eine Stütze utilitaristischer Staatsideen auffaßt. Die Berliner haben von je die religiösen Dinge läßlich genommen; ihre Kirchenpolitik war immer eine Form der Realpolitik. Da die Verweser der Mark ständig in Deutschland, in Europa umherspähten, um die anderswo Vertriebenen, und zwar meistens die ihres Glaubens wegen Vertriebenen, in die nicht genügend bevölkerte östliche Stadt zu ziehen, so ergaben sich die Konsequenzen von selbst. Denn naturgemäß waren es die Freigeistigen, die religiös Liberalen, die sich zur Auswanderung aus Frankreich, Böhmen oder sonstwo gezwungen sahen. Nach Berlin kamen sie nur, weil ihnen dort die Freiheit des Bekenntnisses zugesichert wurde. Die Unbefangenheit im religiösen Denken, der der alte Fritz so markant Ausdruck verlieh und die ebenso schon bei seinem doch gewiß nicht philosophisch gebildeten Vater anzutreffen ist, war im wesentlichen ein Produkt der Not, eine Maxime der Kolonialpolitik. Diese Fürsten sprachen als Grundsatz aus, was ihrer Regierung Notwendigkeit war. Da also die Zuwandernden der Mehrzahl nach hugenottisch liberale Geister waren und da in der Ansiedlerstadt ihrem Meinen gegenüber ganz der religiöse Gegendruck fehlte, der ihr praktisch reformiertes Christentum zum fanatischen Puritanismus hätte treiben können, so nahm alles Religiöse in Berlin immer Formen des Rationalismus an. Alles echte Religiöse verwandelte sich in Moral; in eine phantasielose subalterne aber zuverlässige Tagesmoral, wie Bauern und Ansiedler sie brauchen. Nirgend ist der Katholizismus weniger begriffen worden als in der Residenz des märkischen Geistes, die man, bezeichnend genug, die »Stadt der reinen Vernunft« genannt hat. Der Berliner war liberal von Anfang an, war es auf Grund seiner Determination, im guten wie im schlimmen Sinne. Aber gerade darum, weil er im Erhaltungskampf nicht die an einer höheren, »zwecklosen« Idee bauende Leidenschaft und Phantasie aufbringt, mußte er sich in den Dingen schöner Kultur stets kommandieren lassen. Er hat es immer sehr gut, besser oft als alle Anderen im Reiche, verstanden, von heute auf morgen zu denken, das Rationelle zu tun und vorzubereiten; für das Ewige aber hat er sich nie mit ganzer Kraft eingesetzt.

Höchstens hat er sich bemüht, reflektierend Begriffe für das Ewige zu finden. Es ist bezeichnend, daß Einem in der Geschichte Berlins mehr als sonstwo in Deutschland die Erscheinung entgegentritt, wie die Religion früh schon Neigung zeigt, sich der Philosophie zu nähern und sich mit ihr zu vermischen. Der religiöse Rationalismus hat in dem kühl protestantischen Berlin so lange immer nach dem Warum gefragt, bis sich der Priester gezwungen sah, halb als Philosoph zu antworten. Doch waren Skepsis und Kritik in dieser Stadt der Nützlichkeiten dann auch wieder zu phantasielos, als daß es zu einer ganz groß gearteten Philosophie hätte kommen können. Daß der große Kant in Königsberg blieb und in Berlin manche Verfolgung zu erdulden hatte, ist durchaus als Symptom zu nehmen. Ein Geist, der im höchsten Sinne schöpferisch denkt und unbedingt das Ideale will, hat in Berlin niemals eine Heimat gefunden, denn die Bevölkerung war eines monumentalen Verstandesidealismus ebenso unfähig wie einer tiefen Gefühlsreligion. Für Berlin war ein frommer Dialektiker, ein kluger Kompromißler und »spinozistischer Prediger« wie Schleiermacher der rechte Mann. Man brauchte Geister in dieser Stadt, die die großen Menschheitsgedanken praktisch machten, ihnen Kurswert gaben und sie ihrer Übermenschlichkeit entkleideten. Berlin war stets die Stadt der Kommentatoren. Daß seine philosophische Geisteskultur in Hegel den Höhepunkt erreicht hat, ist bezeichnend. Schopenhauer oder Feuerbach hätten in Berlin so wenig wirken können wie Goethe und Schiller. Solche Geister waren für die Stadt der Relativitäten zu absolut; die werdende Hauptstadt eines wirtschaftlich geeinten Reiches brauchte Anderes. Sie stellte der reinen religiösen und philosophischen Idee stets die zweckvolle Staatsidee voran; denn die Staatsbildung war in der Mark, in Preußen und in der märkisch-preußischen Hauptstadt die wichtigste und dringendste aller Aufgaben. Und die Staatsidee mußte in Berlin zudem eminent wirtschaftlich und utilitaristisch aufgefaßt werden, weil es eben galt, ein Kolonialland zu erobern, zu behaupten und zu erweitern. Darum steht der Staatsgedanke in Berlin von Anfang an eigentlich hinter jeder geistigen Tätigkeit. Auch hinter der Philosophie. Insofern ist Hegel der eigentlich preußische, der berlinische Philosoph, als seine Welterklärung, nach einer Seite wenigstens, zur Staatsidee wird, als seine religiösen Definitionen immer auf eine Staatsreligion hinauslaufen. Solche Philosophie klang in dem Notstaat, dessen Mittelpunkt Berlin allgemach geworden war, wie eine Bestätigung. Hegels Lehrsatz, daß alles Seiende vernünftig ist, kann als eine Art von preußischer Selbstkonstatierung, Selbstrechtfertigung gelten. Es ist der Gedanke an die Determination alles Lebendigen darin und an die Unmöglichkeit, sich dieser Determination zu entziehen. Für Schopenhauers absolute Verneinung waren die Berliner zu realitätsfroh, zu zukunftsfreudig; des sich emporschwingenden Idealismus eines Feuerbach, der Unbedingtheiten Kants waren sie, inmitten ihrer kümmerlichen Verhältnisse, aber auch wieder nicht fähig. Sie waren im Geistigen Menschen der Mitte, und darum sagte ihnen die Hegelsche Philosophie der Mitte zu; sie waren auf dem Wege zur Staatsidee, darum setzten sie diese über alle anderen Ideen.

In dem Worte Steins, der Staat müsse »zur Schule des Charakters« werden, zeigt es sich, mit welcher fast römisch-spartanischen Intensität die Staatsidee begriffen wurde. Was an religiöser Empfindung in Berlin vorhanden war, das nahm zuerst immer die Gestalt des Willens zum Staat an. So kommt es, daß die Kulturgeschichte Berlins fast gar nicht von idealen Religionsideen, nicht von Werken der Architektur, Malerei und Poesie und nicht von aristokratisch verfeinerten Lebensformen handelt, sondern daß es eine Geschichte der Staatsbildung ist. Das heißt: eine Geschichte wirtschaftlicher Organisationen und militärischer Eroberungen. Die Kulturgeschichte Preußens ist vor allem eine Soldatengeschichte; die Kulturgeschichte Berlins erzählt von der Entwicklung einer Kolonialstadt zu einer Garnisonstadt. Hier ist der Punkt, der einzige fast, wo man in Berlin Tradition spürt, wo der Geist der Stadt lebendig und ursprünglich spricht. Die großen Populären in der Geschichte Berlins sind nicht Dichter und Philosophen, nicht Gottesmänner, Architekten und Maler, nicht bedeutende Bürgermeister und reiche Patrizier; es sind vielmehr zuerst die kolonisierenden, organisierenden, die Staatsidee sichtbar verkörpernden Fürsten, es sind die großen königlichen Feldherren und Eroberer und es sind vor allem dann die Soldaten. Nur in Preußen konnte die Idee der allgemeinen Wehrpflicht ersonnen und in die Tat umgesetzt werden; denn in diesem von Pionieren bewohnten Land war Jedermann im Gefühl seit Jahrhunderten schon Soldat. Ein Militär-, ein Soldatenstaat war Preußen, war die Mark von Anfang an; und Berlin wurde zur Hauptstadt dieser mit steifer Würde einhergehenden Soldatengesinnung. Wie in anderen Hauptstädten rühmend vom Volke die Namen großer Dichter, Künstler und Gelehrter genannt werden, so hörte man im Munde der Berliner Bevölkerung von je nur die Namen berühmter Generale. Vertraut waren dem Berliner allein die Namen des Großen Kurfürsten und alten Fritzen, der Derfflinger, Seydlitz, Zieten und Schwerin, der Blücher, Scharnhorst und Gneisenau, der Moltke und Steinmetz. Die vaterländische Geschichte, wovon der Knabe in der Schule hörte, war eine Geschichte unerhörter, ewig ruhmreicher Siege, und die Moral dieser Geschichtslehre bestand immer darin, wie das arme, kleine Preußen sich gegen eine Welt von Feinden behauptet hat, wie es sich emporgerungen hat, trotz des Widerstandes der Mächtigen, wie zähe Energie und Enthaltsamkeit den Erfolg herbeigezwungen haben. Dieser Staatsinstinkt, der von früh auf in jedem Berliner lebendig war, dieser idealisierte Selbsterhaltungstrieb einer ganzen Bevölkerung bezeichnet die Momente höchsten Aufschwungs. Indem eine ganze Bevölkerung soldatisch und staatlich denken und empfinden lernte, wurde die Hauptstadt im Laufe der Jahrhunderte aber nicht nur äußerlich zu einer Garnison und zu einer Verwaltungsstadt, sondern auch dem Geiste der Bewohner nach.

## Bürgerstadt und Fürstenstadt

Man darf von Berlin, wenn man seine Entwicklung bis zum Jahre 1850 etwa überblickt, nur bedingt als von einer Bürgerstadt reden. Denn was man in einer solchen vor allem sucht, das ist der Nachweis, wie sich das soziale Gemeinwesen und mit ihm der Organismus der Stadt aus einer einigen Bürgergesinnung anschaulich entwickelt. Eine bewußte und darum zentralisierende Bürgergesinnung war im Berlin der ersten, die Stadtanlage entscheidenden Jahrhunderte aber nicht vorhanden. Das geht deutlich schon aus dem Umstand hervor, daß man bis zum Anfang des achtzehnten Jahrhunderts gar nicht von einer Stadt reden darf, sondern daß es sich jahrhundertelang um zwei eifersüchtige, konkurrierende und nur durch die Not zusammengeschweißte Städte handelt, um Kölln und Berlin. Die Urzelle des Riesenorganismus, der heute Berlin heißt, ist die Spreeinsel, wo die Wenden von alters her als Fischer an geschützter Stelle saßen. Alt-Kölln ist ungefähr Dasselbe, was die von der Seine umspülte Citéinsel für Paris ist. Während sich aber von diesem Kern aus die Stadt Paris einheitlich und mit wunderbarer Logik entwickelt hat, so daß der Grundriß dem ersten Blicke schon lebendig wird, zeigte sich das Unorganische der Entwicklung in Berlin gleich darin, daß es nicht gleichmäßig von innen nach außen schwellend entstanden ist, sondern stückweise, im fast willkürlichen Nebeneinander von Teilen. Von Anfang an sehen wir zwei Siedelungen nebeneinander, und diesem Dualismus fügen die Fürsten dann neue Stadtquartiere hinzu, wie es das Bedürfnis des Augenblicks gerade will. Es wurden den Zuwandernden Wohnstätten gebaut, oder es wurde ihnen Land überlassen; wie die neuen Teile mit den alten aber die Verbindung fanden, das mußte gehen wie es ging.

Fester Bürgersinn ruht überall auf Tradition, auf Brauch und Gewohnheit. Und gerade diese Eigenschaften zu erwerben und zu bewahren war im entstehenden Berlin fast unmöglich. Jeder neue Zuzug störte die Überlieferung, wenn sie eben Wurzel schlagen wollte. Es gab in Berlin wie in Kölln natürlich Zünfte und städtische Verwaltungskörper wie überall, es herrschte eine Stadtordnung, die von der anderer mittelalterlicher Städte in keiner Weise abwich, es gab Ratsgeschlechter und Berufsverbände, Judenviertel und Quartiere für die unterdrückten Wenden; aber alle diese städtischen Formen waren nicht eigentlich lebendig. Sie waren übernommen und es fehlte ihnen die individuell bildende Kraft. Alt-Berlin und Alt-Kölln erscheinen, man mag sie betrachten wie man will, in all ihrer fast reichsstädtischen Selbständigkeit – die sie sich im Mittelalter erwerben konnten, weil sie, vom Reich isoliert, auf sich selbst angewiesen waren – immer mehr oder weniger als Notgebilde, nicht als natürliche Mittelpunkte. Darum gab es in den beiden Städten nicht ein wirklich aristokratisch herrschendes Patriziat, gab es nicht die geschlechterreichen, mächtigen Kaufherren- und Handwerkerdynastien, die in den Städten des Mutterlandes im dreizehnten, vierzehnten und fünfzehnten Jahrhundert so großes Bestimmungsrecht übten. Das will aber sagen: es gab keine lebendige gesellschaftliche Organisation. Nur darum war Berlin von früh an schon ohne rechte Bürgergesinnung und bestimmt, eine Beamtenstadt zu werden. Denn wo das lebendig wollende Stadtbewußtsein, wo der Instinkt für gesellschaftliche Graduation fehlt, da muß an ihrer Stelle früher oder später die Polizeiregel und ihr Vertreter, der Beamte, zur Herrschaft gelangen.

Kann man das sich entwickelnde Berlin also nicht eigentlich eine Bürgerstadt nennen, sondern muß man es mehr als eine die Bürgerstädte des Mutterlandes nachahmende Ansiedlung bezeichnen, und ist es weiter noch entfernt, der Kirche, den Mönchsorden wesentliche Entwicklungszüge zu verdanken, so kann man es andererseits auch nicht eine reine Fürstenstadt nennen. In gewissen Teilen ist die Stadt freilich ganz wie eine Königsstadt angelegt. Doch haben die Fürsten in Berlin niemals den Dynastenegoismus großen Stils gehabt, die ganze Neustadt vom Schlosse aus zu denken. Sie konnten ihrer Determination nach diese großbaumeisterliche Gesinnung auch nicht haben. Man spürt in der preußischen Residenz nicht die stolze Cäsarengeberde Ludwigs des Vierzehnten, nicht den Baumeisterstolz Augusts des Starken und nicht den sozial denkenden Imperatorenwillen Napoleons des Ersten. Das Repräsentative ist eigentlich nur getan worden, weil es sich für deutsche Selbstherrscher so gehörte. So baulustig sich die Kurfürsten und Könige auch immer zeigten, sie waren es fast immer in bürgerlich praktischer Weise. Sie waren mehr Gründer als Künstler, fühlten sich nicht zuerst als Repräsentanten, sondern als Regenten und Nothelfer. Sie haben es nie verstanden, Hofpolitik zu treiben, den Adel des Landes reich und mächtig zu machen, ihn um sich zu sammeln und ihre Hauptstadt in eine glänzende Residenz zu verwandeln. Darum ist es zu einer städtischen Gesellschaftsorganisation auch nicht von seiten des Hofes gekommen. Die Fürsten brauchten für ihre Arbeitstendenzen nicht den selbständigen Adel, sondern fleißige, treue und anspruchslose Beamte; ihnen lag nicht zuerst daran, eine schöne Königsstadt zu schaffen, sondern daran, eine repräsentative Garnisonstadt zu haben. Sie hatten genug zu sorgen, ihre Hauptstadt nur lebensfähig zu erhalten und sie künstlich zu vergrößern. Schon daß die Kolonialstadt Berlin überhaupt zur Residenz gemacht werden konnte, beweist, daß die Fürsten wirtschaftlich und politisch dachten, nicht aber repräsentativ.

## Die Stadtanlage

Die schwierige und künstliche Entwicklung der Stadt prägt sich deutlich in ihrer äußeren Anlage aus. Der zur Formlosigkeit verdammte Geist hat sich einen formlosen Stadtkörper gebildet. Man erstaunt über den Mangel an klarer Gliederung, wenn man nur einen Blick auf den Stadtplan wirft. Jedes lebendig und einheitlich entstandene Stadtgebilde erzählt ein gut Teil seiner Geschichte schon durch den Grundriß. Es ist, als sähe man die Jahresringe eines Baumstammes, wenn man im Stadtplan erkennt, wie sich der Urkern der Stadt, stetig schwellend, vergrößert hat; es ist, als sähe man die bauende Kraft selbst vom Mittelpunkt mächtig nach allen Seiten ausstrahlen, wenn das Auge den Radialen der Hauptstraßen folgt, die nach allen Seiten ins Land führen; man liest das Epos der Stadtgeschichte, wenn man die Anordnung der Plätze und Gebäude, die Art der Benutzung von hügeligem Gelände und von Wasserläufen aufmerksam betrachtet, wenn Einem aus der Geometrie des Aspektes der Wille verschiedener Epochen entgegentritt. Auf diesen Genuß muß verzichten, wer den Stadtplan Berlins ansieht. Deutlich wird Einem vor diesem verworrenen Grundriß nur noch, daß die Spreeinsel, das alte Kölln, der Keim des riesenhaften Stadtgebildes ist; und mit einiger Anstrengung erkennt man auch noch den größeren Kern der vereinigten Städte Kölln-Berlin, bezeichnet durch die im Zuge der alten Stadtmauer verlaufende Neue Friedrichstraße und die Wallstraßen. Das ist aber auch fast alles. Neben diesen dürftigen Zeichen eines natürlichen Werdeprozesses nimmt man nur eine deutliche Orientierungsachse noch wahr: die durch den Tiergarten verlängerte Straße Unter den Linden. Sie allein führt unmittelbar an den Stadtkern heran. Alle anderen Radialstraßen zeigen die seltsame Tendenz, wenn sie auch noch so energisch aus dem Lande auf die Hauptstadt zustreben, an der Peripherie der alten Stadt unsicher im Straßengewirr zu verlaufen, bevor sie das Zentrum erreicht haben. Das aber sagt: es gibt im eigentlichen Zentrum Nichts, das zu berühren für die Hauptstraßen wichtig wäre. Nicht einen Straßenzug gibt es, der mit Entschiedenheit die Stadt von Nord nach Süd, von Ost zu West durchschnitte. Es wird Einem daran klar, daß das im leeren Osten als Vorwerk angelegte Berlin von alters her in seiner Umgebung nur wenige Vororte und Nachbarstädte hatte, mit denen die Verbindung gesucht werden mußte. Der langen geraden Straßen findet man freilich genug in Berlin; verfolgt man sie aber, so zeigt es sich, daß sie eigentlich nur ihrer selbst wegen da sind. Sie berühren gar nicht oder nur wie zufällig den Stadtkern, verbinden Punkte, die zu verknüpfen nicht eigentlich Anlaß vorliegt und verlieren sich charakterlos in den alten Landstraßen. Oder sie enden, nach mächtigem Anlauf, gar in unbedeutenden, dem Hauptverkehr fernliegenden Querstraßen. Sieht man genau zu, so erkennt man eine gewisse Ordnung noch im Plane der Friedrichstadt. Man sieht eine regelmäßige Anlage, der die spitzwinklig in den Belle-Alliance-Platz mündende Friedrichstraße, Wilhelmstraße und Lindenstraße bestimmtere Form geben. Aber dieser Stadtteil hat dann zur eigentlichen alten Stadt keine Beziehungen; es ist eine dem Stadtkern willkürlich angefügte Fürstenanlage, die vom modernen Amerikanismus in Besitz genommen worden ist.

Die Folgen dieser inneren Willkür im Grundrisse sind Kleinlichkeit und Unübersichtlichkeit. Denn da der Stadtorganismus Einem aus dem Plan nicht lebendig entgegentritt, so wird er Einem auch nicht deutlich beim Durchwandern der Straßen. Man fühlt, daß kein Rhythmus in der Stadt ist. In Paris findet man sich nach drei Tagen im wesentlichen zurecht. Der Stadtplan geht Einem dort unmerklich ins Gefühl, die Geometrie des Grundrisses wird zur rhythmischen Empfindung; überall hat man den rechten Instinkt für die Himmelsrichtung und schafft, indem man die Stadt durchwandert, ihre Struktur sozusagen mit Bewußtsein nach. In Berlin aber findet man sich nach drei Jahren noch nicht zurecht. Natürlich kennt man nach kurzer Zeit Hauptstraßen, wie die Linden, die Friedrichstraße und Leipzigerstraße, und kennt die Verkehrsmittel, worauf man angewiesen ist. Aber das ist nicht gemeint. Trotz dieser Kenntnis verwirrt die Stadt immer von neuem. Sie tut sich nirgend eigentlich weit hindeutend auf, sie zieht den Wanderer in ihr gleichmäßiges Straßengewirr hinein und lähmt seine Phantasie, weil sie nicht natürliche Anhaltspunkte und physiognomische Sonderzüge aufweist. Sie tötet das rhythmische Raumgefühl. Und das allein wäre schon Beweises genug, daß Berlin künstlich entstanden ist. Denn das musikalische Glücksgefühl, das man in einer schönen alten Stadt empfindet, ist nichts anderes, als daß Einem ihre Geschichte lebendig wird, als daß Einem das Zeitliche als ein Raumhaftes entgegentritt.

Von Anfang an ist Berlin ein Opfer seines Dualismus gewesen. Zwei Städte, zwei Verwaltungen, zwei isolierte Interessen: was sagt da die gemeinsame Stadtmauer! Um 1307 erst wurden beide Städte einer einzigen Verwaltung unterstellt; dann aber fand Friedrich der Zweite es bequemer, zwei konkurrierende, aufeinander eifersüchtige und sich gegenseitig lähmende Städte zu beherrschen als eine, die ihm mit geeinter Macht entgegentreten konnte. Er trennte um 1442 schon wieder die Verwaltung, und es blieb dann bei einem unfruchtbaren Dualismus bis zum Jahre 1709, bis zu einem Zeitpunkt also, wo der Grundriß der Stadt längst festgelegt worden war. Hätte es sich nun wirklich um zwei selbständige Städte gehandelt, so hätte sich jede für sich organisch entwickeln können. Aber auch das war wiederum nicht der Fall. Der Fluß ist niemals eine so wesentliche Grenzlinie gewesen, um Berlin von Kölln abzutrennen; der alte Spreeübergang verband die Ufer und seine Bewohner ganz unmittelbar. Die Städte waren zugleich getrennt und verbunden in allen Dingen. Daher dieser indifferent so lange ertragene Dualismus, der durchaus das Zeichen eines Mangels an wahrhaft aristokratischem Bürgerbewußtsein ist. Daß es Berlin von vornherein an Stadtbewußtsein gefehlt hat, darauf deuten schon die vielen Eifersüchteleien und Unruhen in dem sich bereichernden Emporkömmlingsvolke des Mittelalters, alle diese Bürgerrevolten, Ratsverschwörungen und Anklagen bei den Kurfürsten. Es läßt sich sehr wohl verstehen, daß die koloniale Ansiedlung trotzdem eine wirtschaftliche Macht war; auch die neuen amerikanischen Städte sind wirtschaftlich wichtig, trotzdem von höherem städtischen Bewußtsein auch bei ihnen nicht die Rede sein kann.

Es finden sich, dem alten Dualismus entsprechend, in Berlin zwei Ausgangspunkte der Entwicklung. Die Enden des Spreeüberganges, des Mühlendammes wurden hüben und drüben zu Ansiedelungskernen. In dem ursprünglich von wendischen Fischern bewohnten Kölln entstand am Ende des Mühlendammes ein Marktplatz mit einer dem Fischerheiligen Petrus geweihten Kirche; und gegenüber in Berlin wurde der Molkenmarkt angelegt mit der dem Heiligen der Kaufleute geweihten Nikolaikirche. Beide Plätze aber und beide Kirchen waren dürftig und unpersönlich. Weder hier noch dort entstand ein geräumiger, in schönen Verhältnissen angelegter Marktplatz mit stattlichem Rathaus. Vom ersten Augenblick an war alles mehr utilitaristisch als charaktervoll. Es gab, in Kölln vor allem, verhältnismäßig breite Straßen. Aber das war die Großräumigkeit aller Kolonialstädte, in denen sich die Bewohner auf ihren praktischen Sinne etwas zugute tun. Trotz ihrer Stattlichkeit in den Ausmessungen fehlte selbst diesen ersten Straßen ein sicherer Zielwille. Die Kirchen waren langweilig nackte Bauwerke, an denen eine höhere Architekturphantasie nicht teilhatte. Sie bewiesen drastisch, daß auf die Gestaltung des alten Berlin die Mönche, diese stärksten Kulturträger des Mittelalters, niemals entscheidenden Einfluß gewonnen haben. Der Schwerpunkt der märkischen Kultur im Mittelalter lag in Tangermünde; die hohe Geistlichkeit, die Verwahrerin aller höheren Kulturideen, saß in Magdeburg und Brandenburg; und die Mönche gründeten ihre Klöster lieber in Lehnin oder Chorin als in der Spreestadt, wo ein allzu gewitztes Kolonistengeschlecht scheel auf ihren Klosterfrieden blickte. So kommt es, daß alles in der Stadtanlage und Baukunst Alt-Berlins schon aus zweiter Hand zu stammen scheint. Die Entstehungsweise der beiden Stadtkörper läßt natürlich in vielen Zügen an das typische Werden deutscher Städte denken; aber es erscheint alles äußerlich nachgemacht, als handle es sich um ein Provisorium. Kein schönes altes Tor gibt Kunde, daß die Bewohner dem Nützlichen das Schöne zu gesellen, daß sie das Notwendige großen Sinnes zu gestalten wußten; nirgend haben sich am Wasser Teile monumentaler Brücken oder alter Wachttürme erhalten; kaum daß hier und da noch ein Straßenname an die Zeit des Werdens und Wachsens erinnert. Nirgend folgt ein Boulevard deutlich orientierend dem Zuge der alten Stadtmauer, und niemals zwingt bloß die Lage der Gebäude dazu, über den Werdeprozeß der Stadt zu denken. Es wurde im Grunde nicht besser, als Kurfürst Friedrich der Zweite dort, wo die Stadtmauer an die Spree stieß, seine Zwingburg erbaute, ähnlich wie Philipp August die ersten Louvregebäude an die Seine, hart neben die Pariser Stadtmauer setzte. Ist in Paris in der Folge aus dieser Tat neben der prachtvoll ausgebildeten gotischen Bürgerstadt eine wundervolle fürstliche Renaissanceanlage entstanden, so daß im Pariser Stadtplan die beiden Motive gegeneinander musizieren, wie zwei Themata einer Symphonie, so sind in Berlin die von den Fürsten angelegten Stadtteile fast ebenso kümmerlich geworden, wie es die Bürgerstadt war. Auch diese Fürstenanlage erscheint wie aus zweiter Hand. Sie besteht eigentlich nur aus einigen halb zufällig angeordneten Gebäuden und aus einer einzigen Straße. Mit den Champs-Élysées lassen sich die Linden nicht vergleichen. Der französische Name sagt schon, daß es sich in Paris um ein ganzes Feld handelte, das auf das Schloß bezogen wurde. Zu den Champs-Élysées gehören gewissermaßen die Anlagen der Invalidenesplanade, und das ganze Champ de Mars, die Flußufer gehören dazu, der Tuileriengarten, ganze Stadtteile und wichtige Straßenzüge. Die Königstadt in Paris ist eine große Landschaft; in Berlin ist sie eine einzige Straße. Denn was sonst zur Königstadt gehört, das regelmäßige Straßennetz der Friedrichstadt, der Dorotheenstadt usw., das waren von vornherein nur Haufen bürgerlicher Wohnstätten, aus praktisch kolonisatorischen Erwägungen angelegt. Zum Schloß standen diese Stadtteile niemals repräsentativ anschaulich in Beziehung. Die verschiedenen Hohenzollernfürsten haben diese Stadtteile nicht angelegt um der Wirkung willen, sondern mehr wie Fabrikherren, die geräumige und gesunde Arbeiterhäuser gruppenweis erbauen. In diesen Anlagen ist mehr zopfiger Amerikanismus als Renaissancegeist. Weder der Große Kurfürst noch der erste Preußenkönig haben es gewagt, Schloß, Domkirche und Via Triumphalis mit kühnem Egoismus konsequent zu disponieren. Die schnurgerade auf ein Ziel zueilende Straße Unter den Linden macht einen Knick, kurz bevor sie das Schloß berührt; zudem liegt dieses Schloß ihr zur Seite, so daß es dem Auge nicht zum Blickpunkt wird. Unsicher und kleinlich ist auch der Platz vor dem Schloß, der Lustgarten, benutzt worden. Anstatt die Museumsinsel zu repräsentativer Größe voll auszunutzen, haben sich die Hohenzollern mit dem dürftigen Viereck begnügt, dem man heute noch den Exerzierplatz anmerkt; hinter dem Alten Museum beginnt dann gleich das Chaos. Der eigentliche Schloßplatz gar, der, in der Flucht der Langen Brücke liegend, vortrefflich zu gestalten gewesen wäre, ist immer ein Gebilde des Zufalls geblieben. Dem Gefühl bleibt eigentlich nichts als die eine Straße Unter den Linden. An sie, die freilich unendlich trostlos im Neuen Markt wie in einer Sackgasse verläuft, klammert sich der Instinkt des Fremden; mit ihr steht und fällt für ihn der Begriff Berlin. Daneben merkt er sich die rechtwinklig die Linden schneidende Friedrichstraße und die zu jener parallel verlaufende Leipzigerstraße. Das ist ungefähr alles. In die alte Bürgerstadt kommt der Fremde kaum. Und sucht er sie absichtlich auf, so verliert er sich in einem scheinbar planlosen Straßennetz. Selbst der Fluß wird der Stadt nur sehr bedingt zu einer Orientierungslinie, weil der Verkehr ihm nicht folgt, weil sich nicht von alters her Uferstraßen an ihm entlangziehen. Kanalartig fließt die Spree durch die Riesenstadt, von Schiffen kaum belebt; die Bewohner bringen dem Flusse darum auch Zärtlichkeit nicht entgegen, wie es doch in Paris und Wien, in Hamburg und Frankfurt am Main der Fall ist. In Paris sagt man von einem Stadtteil, einer Straße, einem Hause, sie lägen rechts oder links von der Seine; in Berlin wird der Fluß in diesem Sinne aber niemals zu einem Grenz- und Orientierungsbegriff. Er verbindet nicht, er trennt nicht; er ist einfach ein Wasserlauf, über den man sich Gedanken nicht macht. Nur an einer Stelle, zwischen Mühlendamm und Jannowitzbrücke, öffnet er landschaftlich ein wenig die Stadt. Es ist bezeichnend, daß er heute noch gerade an der Stelle seine feinsten Reize entfaltet, wo er die ersten Ansiedler zur Niederlassung lockte.

Nur in der Gegend des Mühlendamms hat die Spree noch ein wenig Alt-Köllner Stimmung. An diesem Ort stehen die ältesten Häuser, die Fischkasten und Netzstangen erinnern unmittelbar noch an die Beschäftigung der ersten Bürger, und das Auge kann freier den Raum empfinden als anderswo.

Denn dieses eben ist der größte Nachteil der Stadtanlage: daß man nirgend eigentlich Distanz nehmen kann. Es fehlt Berlin die Stadtlandschaft. Überall ist man mitten drin in den Häusern; sie treten nicht zurück, werden nicht zum Hintergrund und auch nicht zum Blickpunkt; sie ordnen sich nicht raumhaft schön, und man kommt nicht zum freien Durchatmen. Das Land ringsumher mit seiner Terraineigentümlichkeit, mit seinen Bäumen und seiner Luft dringt nicht in die Stadt. Berlin ist nicht mit Anmut und Geschmack in die Landschaft gebaut, sondern fremdartig von ihr abgesondert. Das wirkt umso nachteiliger, als das Terrain, worauf Berlin steht, der Stadtanlage nicht zu Hilfe kommt. Es fehlen ganz die das Stadtbild reizvoll belebenden Niveauunterschiede, die Höhen und Tiefen, die Blickpunkte und Architekturgruppierungen schaffen und die Straßen malerisch machen. Man atmet befreit auf, wenn sich einmal eine arme Perspektive auftut, am Kanal oder über einen Platz hinweg. Freilich darf man dann nicht allzu genau hinsehen. Denn auch die freien Plätze sind durchweg häßlich in Verhältnis und Form. In dem Berlin innerhalb der Grenzen von 1860 finden sich nicht einmal im Zentrum natürlich schöne Plätze. Der alte Köllnische Fischmarkt, zum Beispiel, ist nur noch eine verbreiterte Straße, der alte Molkenmarkt nichts als ein Kreuzungspunkt mehrerer Straßen. Auch der Neue Markt ist vom modernen Verkehr charakterlos geöffnet worden; und auf alten Bastionsplätzen, wie dem Spittelmarkt und Hausvogteiplatz, ist ein Rhythmus in der Anlage nicht mehr zu erkennen, weil er nie vorhanden gewesen ist. Die neueren Plätze dagegen in den von den

Fürsten angelegten Stadtteilen sind am Zeichentisch formalistisch erdachte Anlagen. Sie sind entweder zu groß oder zu offen; man weiß nicht, ob man es mit einem Schmuckplatz, einem Nutzplatz oder einem Verkehrsmittelpunkt zu tun hat. Sie sind alle mehr oder weniger physiognomielos, sind indifferent in jedem Bezug.

Das kümmerliche Gebüsch auf diesen Plätzen ist fast das einzige Grün der Stadt. Es gibt im alten Berlin nicht die schönen Gärten, die das Stadtbild anderswo so anheimelnd machen, weil es in der utilitaristischen Kolonistenstadt niemals ein altes Patriziat und keinen reichen Stadtadel gab. Man findet in der inneren Stadt, mit Ausnahme einiger Ministeriengrundstücke, nicht Gärten, die sich alten Kaufmannshäusern oder Adelspalais anschließen und über deren Mauern die Blätterkronen alter Bäume herausragen. Denn Berlin war nie ein Ort, wo der Besitz aristokratisch genossen worden ist. Jede Quadratrute ist immer praktisch ausgenutzt worden. Was mit den alten Gärten aber wegfällt, das vermag der Stadtbaumeister nicht zu ersetzen, wenn er die schematisch angelegten Plätze künstlich mit Gebüsch zu bewalden sucht, wenn er kümmerliche Lindenreihen aufmarschieren läßt oder hygienischer Tendenzen wegen Parkanlagen schafft. Der Tiergarten, der einzige große Park Berlins, lag um 1860 noch vor dem Tor; und eine von bewußter Stadtbaukunst geschaffene Anlage war auch er bis zum Jahre 1860 noch keineswegs.

Kann man die einzelnen Unzulänglichkeiten des Stadtplans auch auf besondere Ursachen immer zurückführen, so liegt die letzte Ursache aller Fehler und Häßlichkeiten doch darin, daß Berlin nicht natürlich wie ein Gewächs, sondern künstlich wie eine Gründung geworden ist. Berlin ist ohne einen sich stetig erneuernden Plan entstanden, gerade weil es das Produkt eines äußeren Planens ist. Und darum fehlt jede Lebensstimmung der Schönheit und Natürlichkeit, die von Allem ausgeht, das stark in sich selbst ruht. Man sollte, zum Beispiel, meinen, es müsse bei der Art, wie Berlin entstanden ist, noch heute Stadtteile geben, in denen eine französische Stimmung herrscht, und andere, in denen man holländische oder süddeutsche Stimmungen empfindet. Aber auch das ist nicht der Fall. Der Stadtgeist erscheint nirgend lokalisiert. Es gibt reiche und arme Stadtviertel, Stadtgebiete, wo gearbeitet wird, und andere, wo man anspruchsvoll wohnt; aber eine bestimmte soziale Gliederung des Gemeindegeistes innerhalb der großen Stadtgemeinde gibt es nicht. Es ist noch heute ein schreckliches Einerlei im Vielerlei, weil es von jeher so war, es ist Uniformität gerade, weil von Anfang an keine differenzierenden Konventionen, kein geistiges Wollen im städtischen Leben waren. Es war zu allen Zeiten ein Kommen und Gehen, ein sich Behaupten und Erhalten; es war in allen Dingen schöner Kultur immer ein Leben aus zweiter Hand. Wie in dem Stadtkörper von je wohl ein heftiger Erhaltungstrieb, aber nicht Kulturwille war, so ist in der Stadtanlage nicht Ordnung, Rhythmus und Harmonie. Und was immer die zukünftigen Geschlechter auch tun mögen: die Grundfehler der Anlage werden niemals zu beseitigen sein. Denn es sind Konstitutionsfehler.

## Die Bautätigkeit

Die Geschichte der geistigen Kultur in Berlin ist nichts anderes als die Geschichte eines Willens, der sich unter schwierigen Ausnahmebedingungen bemüht, das Niveau des Mutterlandes zu erreichen. Berlin ist von vornherein distanziert im Wettkampf um schöne Daseinsformen; darum muß es durch all die Jahrhunderte hinter den Fortschritten der westlichen und südlichen Kultur dienend einhergehen. Erst im achtzehnten Jahrhundert bildet sich langsam und zögernd Etwas wie eine spezifische Stadtkultur aus; erst als die ursprünglichen Schöpfungskräfte draußen im Reich erlahmen, als der unpersönliche Eklektizismus der neuen Zeit den Siegeszug beginnt, nimmt auch Berlin teil am Kunstleben der Nation. In den ersten fünf Jahrhunderten seiner Existenz kann Berlin in keiner Weise den wichtigen Kunst- und Kulturstätten zugezählt werden. Aus dem Mittelalter, aus der Renaissance ist kein Bauwerk von höherer Bedeutung erhalten. Nirgend findet man die Zeichen eines mächtigen katholischen Willens oder eines selbstbewußten protestantischen Geistes; es zeigt sich in der Baukunst bis nahe an das neunzehnte Jahrhundert kaum schon ein Zeichen höher gearteter Bürgergesinnung; und es bleibt bis zum Tode des Großen Friedrich die fürstliche Baukunst selbst etwas künstlich Importiertes. Wenn sich durch alle Epochen in der Berliner Kultur und in deren deutlichstem Abbild, der Architektur, etwas wie Lokalgeist verfolgen läßt, so besteht der nur aus den Elementen kolonialer Frugalität, indifferenter Nüchternheit und innerer Empfindungslosigkeit.

Ein Hauch des Alters wenigstens, wenn auch nicht der Schönheit, würde von den wenigen mittelalterlichen Kirchen ausgehen, wenn blinder Restauratoreneifer sie nicht umgestaltet, sie nicht umgefälscht hätte. Echt sind heute von den ältesten Berliner Kirchen, der Nikolaikirche, der Marienkirche, der Heiligengeistkapelle und der Klosterkirche, nur noch einzelne Teile des Gemäuers, spärliche Mauerreste, aus Findlingssteinen gefügt, und ein paar ziegelsteinerne Wände aus der späteren Periode märkischer Backsteinarchitektur. Es fehlt den immer wieder skrupellos restaurierten Kirchen darum sogar die Atmosphäre des Alters, die selbst das Nüchterne sonst verklärt; sie stehen fremd im neuen Berlin, in keiner Weise das Stadtbild beherrschend. Vor ihnen kommt selbst Der nicht auf seine Kosten, der mit dem Auge des Kunsthistorikers prüft und sich die Bauwerke im Geiste so rekonstruiert, wie sie einst gewesen sind. Denn als Beispiele nordischer Ziegelgotik verdienen diese Kirchen kaum Erwähnung. Überall in der Mark und an der Küste der Ostsee findet man denselben Materialstil weitaus künstlerischer und edler durchgeführt als in Berlin. Die alten Berliner Kirchen sind unsagbar kunstlos. Man geht unberührt an der Fassade der jetzt der Handelshochschule eingefügten Heiligengeistkapelle vorüber; es riecht die auffrisierte alte Nikolaikirche nach moderner Regierungsbaumeister-Gotik; und kein Hauch musikalisch gefügter Schönheit geht auch mehr von der umgebauten Klosterkirche aus, einer ehemaligen Mönchskirche, die von allen Berliner Gotteshäusern einst am reichsten ausgebildet war. Einen schwachen, arg gebrochenen Nachklang spürt man einzig vor der Marienkirche auf dem Neuen Markt. Aber dieser Eindruck geht zum guten Teil dann von der geistreich krönenden Turmarchitektur aus, die Langhans im neunzehnten Jahrhundert dem alten Stumpf hinzufügte. Dabei sind alle diese Kirchen nicht eigentlich klein und armselig angelegt. Sie sind dem Maßen und dem materiellen Aufwand nach stattlich genug; aber ihnen allen ist der Stempel phantasieloser Kahlheit aufgedrückt. Nicht puritanischer Geist hat sie gebaut, sondern die Gleichgültigkeit, die das Übliche tut, ohne mit dem Herzen dabei zu sein. Diese Kirchen sind wahre Monumente der Lieblosigkeit. Die Gemeinde, die sie baute, fühlte sich nicht als Individuum und hatte darum nicht das Bedürfnis, sich selbst mittels der Baukunst höhere Gleichnisse vor Augen zu stellen. Selbst in der Zeit des Bürgerrausches und des städtischen Hochgefühls noch wurde der Tempelgedanke in Berlin klein und geschäftsmäßig begriffen. Man sieht an dieser Sakralarchitektur, daß eine die Tiefen bewegende religiöse Idee in der Kolonialstadt nie Wurzel zu fassen vermochte.

Etwas Anderes als die Grundmauern dieser Kirchen ist aus dem ältesten Berlin nicht erhalten. Es gibt in dem Häuserchaos der Hauptstadt noch ein paar alte Höfe und Gassen, auf denen die Schatten der Jahrhunderte liegen. Aber sie können das Berlin des Mittelalters nicht lebendiger machen. Sie sind mehr eng, schmutzig und rumpelig als charakteristisch und malerisch. Man muß schon in die Museen gehen, ins Märkische Museum, oder nach Potsdam, wo im Babelsberger Park die alte Gerichtslaube allzu säuberlich aufgebaut worden ist. Aber wer geht wohl ins Museum, um eine Stadt kennenzulernen! Was nicht der Stadtgrundriß, was nicht die Architektur unmittelbar erzählt, das bleibt tot und ist des Anschauens kaum wert.

Die Renaissance, die so vielen Städten im Reich bürgerlichen Charakter verliehen hat, ist an Berlin dann spurlos fast vorübergegangen. Außer einigen Grabdenkmalen und Portalen ist nichts geblieben als der alte Teil des Kurfürstenschlosses an der Spree. In der Ansiedlerstadt Berlin wuchsen zwischen 1500 und 1600 leistungsfähige Baumeister noch nicht heran, trotzdem die Stadt zu dieser Zeit auf einem Gipfel des Reichtums und der wirtschaftlichen Macht stand. Mit dem neuen repräsentativen Baumaterial, dem sächsischen Sandstein, kamen aus Sachsen auch die Renaissancebaumeister. Oder sie kamen als halbe Abenteurer noch weiter her, aus Italien, zum Beispiel, Kunstelemente, die in einer fruchtbareren Kulturzone gereift waren, künstlich verpflanzend. Es wurde der Sachse Kasper Theiß herbeigerufen, um die kurfürstliche Zwingburg gefällig auszubauen, es wurde mit großen Ehren der Italiener Graf Rocco von Lynar aufgenommen, es baute an den alten Teilen des Schlosses der Dresdener Peter Kummer und der Italiener Peter Niuron, der dritte Sachse Balthasar Benzelt und der dritte Italiener Giovanni Battista Sala. Jeder brachte etwas Neues und setzte das Begonnene fort, wie er mochte und konnte; und ist dadurch auch ein leidlich malerisches Nebeneinander entstanden, so kann doch der alten Schloßarchitektur gegenüber nicht im geringsten die Rede sein von einer spezifisch berlinischen Renaissancebaukunst. Weder der Fürst noch die Adligen und Bürger waren zu dieser Zeit schon reif dafür, klar wollende Bauherren zu sein. Fürst und Volk waren im tiefsten ohne Bildung, ohne Kritik, ohne ästhetisch gerichteten Kulturwillen. Trotz eines gewissen städtischen Wohllebens in dieser Epoche, trotz merkantiler Regsamkeit und weitverbreiteter Handelsbeziehungen war im Wesen von Fürst und Volk noch etwas Verbauertes. Im Adeligen war was vom Raubritter, im Kaufmann etwas Hausiererhaftes, im Ackerbürger etwas vom Squatter und im Handwerker etwas vom Gelegenheitsarbeiter; und der Fürst fühlte sich noch halb wie ein Eroberer im halb erst kultivierten Land. Was die Stadtbewohner dieser Zeit geschaffen haben: die Adelshäuser in der Nähe des Schlosses, die Bürgerwohnungen und große Teile des Schlosses: bis auf spärliche Reste ist alles verschwunden. Und dieser Umstand eben ist ein Beweis dafür, wie bedeutungslos die Werke dieser Renaissancezeit waren; denn aus einem starken Bedürfnis erwachsene, von einem hohen Kulturwillen gebildete Bauwerke verschwinden nicht radikal. In dem Mangel an Pietät alten Bauwerken gegenüber ist immer auch ein Instinkt, daß diese Bauwerke der Pietät nicht würdig sind. Auch in der Renaissancezeit wurde in Berlin im wesentlichen nur für das nächste Bedürfnis gebaut, kalt, gleichgültig und lieblos.

Es kamen dann Jahrzehnte großer Not, die die Stadt dem Untergang nahebrachten. Und dieser schnelle Verfall der relativ reichen und mächtigen Stadt ist wieder ein Beweis, wie äußerlich Reichtum, Kultur, Tradition und Stadtgefühl im beginnenden siebzehnten Jahrhundert noch waren. Als der Dreißigjährige Krieg zu Ende ging, muß es in Berlin geradezu trostlos ausgesehen haben. Die kolonisierende Tätigkeit, worauf die Kraft der Stadt nun einmal beruhte, war durch den Krieg jahrzehntelang gehemmt worden. Bürger, die sonst Güter und Ländereien bis an die Oder bewirtschaftet hatten, die mit Korn bis Hamburg handelten und Berlin zum Marktplatz des fernsten Ostens machten, mußten in diesen unruhigen Zeiten jede weitblickende Unternehmertätigkeit aufgeben. Und damit wurde der Stadt eine Reichtumsquelle nach der anderen verstopft. Nun ist eine nüchtern und zweckmäßig gebaute Kolonialstadt erträglich, wenn Tätigkeit und Bewegung sie erfüllen; ist sie aber nicht einmal mehr eine Arbeitsstadt, so wirkt sie gleich auch proletarisch. Berlin-Kölln müssen in dieser Zeit darum einen unendlich armseligen Eindruck gemacht haben. Die Doppelstadt sah nicht aus wie eine Acker- oder Handelsstadt und nicht wie eine Haupt- oder Garnisonstadt; die Kirchen erhoben sich kalt und nüchtern als Zeichen einer kalten und nüchternen Vergangenheit, die Fürstenburg lag fremd und leblos da, halb in willkürliche Renaissanceschnörkel gekleidet und halb ein Festungswerk; und die physiognomielosen Häuser des Adels waren planlos in den Straßen um das Schloß verteilt. Die ungepflasterten, dorfartigen, von Schmutz starrenden Straßen säumten Reihen verfallender, zur Hälfte leerer, formloser Häuser, halb bürgerlich und halb bäuerisch. Eine Doppelstadt ohne Mittelpunkt, ohne rechte Verbindung mit anderen Städten, verwahrlost und arm: so recht ein im fernen Osten vergessenes und verkommenes Vorwerk des um kirchliche Dogmen sich dreißig Jahre lang bekämpfenden problematischen Deutschtums.

Der Große Kurfürst ist nach diesen schweren Jahren der Doppelstadt ein Retter und Erneuerer geworden, wie er es der ganzen Mark wurde. Er erst hat die Kolonialstadt zur wirklichen Residenz, zur Hauptstadt und Fürstenstadt gemacht. Was dieser bedeutende Mann aber architektonisch für Berlin getan hat und was unter seiner Regierung von Anderen getan worden ist, auch das wirkt im Stadtbild nicht viel organischer als das vorher Geschaffene. Friedrich Wilhelm hat Ordnung geschaffen, hat die Stadt mit neuen Befestigungen umgeben und ganz neue Stadtteile für neue Einwanderer geschaffen; er hat die Anlage der Fürstenstadt forciert und in den Stadtplan zuerst ein romanisch repräsentatives Element gebracht. Aber das war kluge Willkür und konnte unter den gegebenen Verhältnissen nichts Anderes sein. Franzosen und Holländer wurden in die Residenz gezogen und damit französische und holländische Kulturelemente. Der Kurfürst dachte an Paris, an das Louvre; aber er dachte an das Repräsentative aus seinen beschränkten märkischen Mitteln heraus, als überlegender Hausvater und Berliner. Auch der Akt fürstlicher Willkür, der in der Anlage der Linden, in der Gründung der Dorotheenstadt lag, ist bestimmt von berlinischer Gesinnung. Es fehlte von vornherein der große Stil, die geniale Rücksichtslosigkeit, weil das Geld fehlte, das sichere Selbstbewußtsein und die Ruhe des Genusses. Was fürstlich werden sollte, geriet garnisonmäßig; aus der Via Triumphalis wurde eine Paradestraße und der repräsentative Platz des Lustgartens wurde zum Exerzierplatz. Die fürstlichen Baupläne konnten den ganz großen Zug nicht haben, weil es einfach an Material, an Masse fehlte: an einer stark bevölkerten, reichen und dichtangebauten Stadt. Und die Franzosen und Holländer, die in die neuen Stadtteile kamen, hatten zudem das beste ihres Kunstsinnes daheim gelassen; denn sie mußten vor allem um eine neue Existenz ringen. Wo sie im Sinne ihrer Heimat an der bürgerlichen Architektur mitbauten, wo sie den Bürgerhäusern eine bessere Form zu geben wußten, wo sie Grachten mit Ziehbrücken, Bollwerken und Speichern errichteten, da geschah es in einer indifferenten Weise, der siegreiche Kraft nicht innewohnte. In der Folge erst, aus der romanisch-germanischen Blutmischung, gingen selbständigere märkische Kulturarbeiter hervor. Eine Stadt im höheren Wortsinne wurde Berlin darum auch unter dem Großen Kurfürsten noch nicht. Aber auch unter dem baulustigen Friedrich, dem ersten Preußenkönig und dem Repräsentationsfrohesten unter allen Hohenzollern, ist Berlin noch nicht deutscher, nicht individueller als Stadtgebilde geworden. Der Große Kurfürst wäre sicher ein Bauherr großen Stils geworden, wenn seine Zeit ihm das Material dazu dargeboten hätte; sein selbstgefälliger Nachfolger dagegen war keineswegs eine wirklich fruchtbare Bauherrnnatur. Dazu fehlte es ihm an Bewußtsein für das Notwendige, an Sachlichkeit. Diesem Fürsten sind entschiedene parvenühafte Züge eigen. Er hat dem Stadtbilde sehr Vieles, ja Entscheidendes hinzugefügt; aber das Eigentliche hat er doch nicht getan. Ein halbes Dutzend schöner Monumentalbauwerke machen noch keine Stadtarchitektur. Dieser Fürst hatte nicht den edlen Ehrgeiz, auf das Entwicklungsgesetz des Stadtkörpers zu blicken, sondern nur den unter den gegebenen Verhältnissen allerdings nicht kleinen Ehrgeiz, es ebenso zu haben wie seine Vettern auf den andern europäischen Thronen. Er zehrte von Dem, was die Vorfahren aufgespeichert hatten, und griff zur Königskrone nicht aus tiefen politischen Erwägungen, sondern aus dem Bedürfnis, sich selbst darzustellen. Der Name des wahrhaft großen Baumeisters und Bildners, der untrennbar mit dem seinen verknüpft ist, kann daran nichts ändern. Andreas Schlüter war ein machtvoller Künstler; aber der Berliner hat nicht das Recht, ihn als einen der Seinen in Anspruch zu nehmen. Aus der Fremde kam Schlüter, aus Niederdeutschland, in die Mark, und seine Kunst ist fremd geblieben in Berlin bis auf den heutigen Tag. Ein wenig märkisch und berlinisch wirken Schlüter und sein Vorgänger, der Holländer Nering, eigentlich nur dort, wo die Armut des Staates sie zwang, ihre Monumentalgedanken in dem bescheidenen Material des Putzbaues zu denken. Ihr eigentliches Kunstempfinden aber ist eine niederdeutsche Renaissance. Für die Mark ist ihr Stil nicht mager und sehnig genug, ist zu sinnlich reif und üppig. Bei Nering ist das heute kaum noch nachzuprüfen, weil von wenigen seiner Werke nur noch Reste erhalten sind; desto deutlicher aber empfindet man es vor den Bauten Schlüters. Die sind für Berlin zu genialisch romanisch. Schlüter steht der Berliner Nüchternheit ganz fern; er hat in die weltabgeschiedene östliche Stadt eine Weltkunst gebracht, die sich nicht zu berlinisieren, sich nicht an einheimischen Traditionen zu erziehen vermochte, weil solche Traditionen nicht vorhanden waren. Nicht die Stadt Berlin hat sich selbst mit Schlüters und seiner Genossen Hilfe Schloß und Zeughaus gebaut; es hat vielmehr ein von einem auf fertige Resultate bedachten Fürsten Beauftragter, ein zufällig gefundener genialer Baumeister die neuen stolzen Gebäude in ein völlig indifferentes Stadtbild willkürlich hineingebaut. Auch in diesem Falle hätte es wieder ganz anders sein können, ja eigentlich anders sein müssen. Schinkel ist berlinisch, Schlüter ist es nicht. Viel besser hätte dessen stolze Art zur Überkraft des Starken August gepaßt; seine Bauten könnten ebensowohl in Dresden oder sonstwo in Mitteldeutschland stehen. Sogar in Süddeutschland wären sie weniger fremd als in Berlin, wo sie bis an das Ende aller Tage wie seltsame Wunder wirken werden. Der Versuch, auch Schlüter zu einer ihm nicht natürlichen Einfachheit zu zwingen, ist ja gemacht worden; es kommt auch in der kastenförmigen Anlage seiner Hauptwerke eine gewisse erzwungene Phantasielosigkeit zum Ausdruck. Den eigentlichen Schlüter spürt man darum erst beim näheren Hinzutreten: in den sinnlich blühenden Details der Schloßfassade und des Zeughauses, in den mächtig quellenden und doch Jean-Goujonhaft feinen Formen des Kurfürstendenkmals, in dem juwelenhaft kostbaren Überschwang der Logenhausformen. Solche sinnliche Fülle ist unberlinisch. Für den groß gedachten Plan einer romanisch machtvollen Umgestaltung des Schloßplatzes hat Schlüter Verständnis darum nicht gefunden. Friedrich der Erste wollte nicht innere Größe, sondern äußere Wirkung, die er noch erleben und für sein Prestige nutzen konnte. Seinem Herzen stand die lautere Geste des sehr talentreichen Dekorateurs Eosander von Göthe wahrscheinlich näher.

An die Unternehmungen des Großen Kurfürsten, an die Baulust Friedrichs des Ersten knüpft sich nur insofern die eigentliche Entwicklung der Berliner Architektur, als die Anlage neuer Stadtteile die Bevölkerung vor die Aufgabe stellte, auf einen Ruck reihenweis und straßenweis neue Wohnhäuser zu errichten. Dieser Umstand mußte der Bildung eines neuen Architekturtypus günstig sein. Es ergab sich wie von selbst beim Bau der Dorotheenstadt und der Friedrichstadt das Prinzip der Uniformität. Die Bürger wurden angehalten, nach den Angaben der fürstlichen Bauämter zu bauen, und was bei dieser kommandierten Bauweise nun herauskam: eine garnisonmäßige, beamtenhaft schematische, phrasenlos sachliche Profanarchitektur – das trägt die ersten Merkmale spezifisch berlinischer Art. Die neuen Stadtteile waren kalt, leer und nüchtern; aber sie waren doch nicht mehr absolut physiognomielos. Das Schicksal hat es dann gefügt, daß gerade die dem Reglement unterstellte Architekturidee in dem folgenden Hohenzollernfürsten einen überzeugten Förderer fand. Der wie ein sparsamer Hausvater empfindende Friedrich Wilhelm der Erste war ebenso baulustig wie sein prachtliebender Vater, nur war er es in ganz anderer Weise. Baute der erste Preußenkönig subjektiv, seinem Machtgefühl zuliebe, so baute sein charaktervollerer Sohn ganz objektiv, das heißt mit Rücksicht auf Zweck, Bedürfnis und Stadtentwicklung. Die Tätigkeit Friedrichs des Ersten fällt mehr in die Augen; für die Stadt ist das Bauinteresse Friedrich Wilhelms des Ersten aber nützlicher gewesen. Auch als Bauherr ist dieser einer der sachlichsten aller Hohenzollern gewesen. Wie auf seine Initiative die Vereinigung der so lange getrennten Städte Kölln und Berlin zurückzuführen ist, wie er den preußischen Beamtenstaat geschaffen und organisiert hat, wie er die vom Großen Kurfürsten mit Hilfe der Franzosen und Holländer ins Leben gerufene Industrie entwickelt und genutzt hat, so hat er sich auch in den Fragen der Stadtbaukunst allein vom Bedürfnis leiten lassen und hat als Bauherr dieselbe Realpolitik getrieben wie als sozialer Organisator. Aus seiner Regierungszeit stammt das erste typische Berliner Bürgerhaus. Daran ist freilich nichts Besonderes zu sehen; aber endlich steht man doch vor etwas halbwegs Organischem, endlich sieht man eine planmäßige Bauarbeit beginnen. Berlin hat in dieser Zeit, unter der Regierung des als geizig verschrienen Königs, die erste bedeutende Bauperiode erlebt. Die Dorotheen- und die Friedrichstadt wurden bis zur Mauerstraße hinausgeschoben, es entstand der Pariser Platz und der Leipziger Platz, die Wilhelmstraße wurde angelegt und in ihr wurden bequeme und schöne Herrschaftshäuser wohlhabender Adeliger geschaffen. Es wurde unter Friedrich Wilhelm dem Ersten das heutige

Reichskanzlerpalais gebaut und das Gebäude, das jetzt das Ministerium des königlichen Hauses beherbergt; es entstand das Kammergericht in der Lindenstraße, das Prinzessinnenpalais und die Seehandlung. Alles Gebäude, die zu den vornehmsten Kulturpunkten der Berliner Architektur gehören und die wahrhaft populär werden konnten, weil in ihnen lebendige Stadtstimmung zum erstenmal siegreich zum Ausdruck kam. Es schlossen sich zur selben Zeit die unbehaglichen Lücken im Stadtbild. Wurde Berlin auch nicht schön, so wurde es doch wohnlicher und reinlich. Es herrschte im allgemeinen ein kalter, klassizistischer Stil aus zweiter Hand; aber klassizistisch und eklektizistisch ist, wie es scheint, jeder Kolonialstil. Im Berlin Friedrich Wilhelms des Ersten war in diesem nachgeborenen Stil immerhin die besondere Nuance einer gewissen großräumigen Sachlichkeit. Die französischen und holländischen Elemente der Bevölkerung brauchten jetzt nur lebendig heimatlich zu empfinden, um diesen aus Italien, Frankreich, aus Süddeutschland und den Niederlanden stammenden Bürgerstil zu verstehen und um ihn sogar in gewisser Weise repräsentativ zu steigern. Und um Etwas wie Tradition zu schaffen. Davon legen eben jene Palais in der Wilhelmstraße, die Garnisonkirche, die beiden reizvollen protestantischen Zentralkirchen in der Mauerstraße und das von dem Architekten des holländischen Viertels in Potsdam, Boumann dem Älteren, als Palais für den Prinzen Heinrich etwas später freilich erbaute heutige Universitätsgebäude aufs nachdrücklichste Zeugnis ab. Berlin beginnt endlich ein wenig residenzlich auszusehen. Es ist sozusagen in Allem, was im Berlin dieser Zeit entstanden ist, Zopfstil; aber trotzdem begegnet man endlich dem Sinn für Form, Maß und Rhythmus als etwas Allgemeinem. Hinter der Uniformität, hinter der jungen Konvention regt sich leise zum erstenmal etwas wirklich Individuelles.

Der geniale Sohn Friedrich Wilhelms des Ersten bedeutet für die Berliner Architektur dann wieder weniger. Auch er war zu genialisch, zu selbstherrlich für Das, was der mühsam werdenden Hauptstadt zu dieser Zeit not tat. Unter dem harten alten Soldatenkönig begann die Erziehung zum Bürgerbewußtsein; dieser Fürst wurde als Bauherr der Stadt so wichtig, weil er als Fürst wollte, was die Bürgerschaft vernünftigerweise wollen mußte, weil er ein Exponent einer noch gebundenen Bürgergesinnung war. Um in dem Berlin des beginnenden achtzehnten Jahrhunderts den bürgerlichen Kulturinstinkt zu wecken und zu erziehen, dazu gehörte für den Fürsten vor allem Geduld, Anspruchslosigkeit und doch ein eiserner Wille. Alles Eigenschaften, die in dieser Mischung bei Friedrich dem Großen nicht vorhanden waren. Dessen Bauherrnart war für das werdende Berlin zu hastig, zu sprunghaft originell. Und auch zu amateurhaft. Das fühlte dieser selbstkritische große Mensch auch instinktiv. Darum verlegte er den Schwerpunkt seiner Bautätigkeit nach Potsdam. Dort konnte er sich nach Laune und Belieben die reinliche ästhetische Forderung befriedigen lassen, konnte Harmonien schaffen von Architektur und Parklandschaft, ohne Rücksicht auf eine ärgerlich profane Stadtumgebung. So ist es gekommen, dass das architektonische Berlin der im übrigen so fördernden Regierungszeit Friedrichs des Großen wenig verdankt. Das geistreiche Rokoko, das so heiter von der Höhe in Sanssouci herabgrüßt, das in den Räumen des Potsdamer Stadtschlosses mit spielender Meisterschaft über Wand und Decke ausgeschüttet ist, konnte im Milieu des zopfigen Berliner Geistes nicht heimisch werden; es konnte im märkischen Sande ein Klein-Versailles, ein Trianon und Fontainebleau entstehen; aber es war nicht möglich, dieses Kulturexperiment in der Kolonialstadt Berlin zu machen. Der feine, edle Knobelsdorff war unter den bedeutenden Baumeistern Berlins zwar der erste Märker und es ist auch eine leise märkische Determination in seiner klassizistisch französischen Architektur; aber seine Werke wirken trotzdem nicht eigentlich in Berlin. Er gehört nach Potsdam, wie Friedrich, sein König und Herr, dahin gehörte. Er war für Berlin zu aristokratisch, zu sehr Hofmann; es war in ihm, dem Genossen der Rheinsberger Tafelrunde, zu viel poetische Heiterkeit für die utilitaristische Stadt an der Spree. Sein schönes Opernhaus wirkt darum in Berlin fast ebenso fremdartig, wie Schlüters Bauten es tun. Es steht da, Jedem, der es sieht, zur Freude, aber nicht, als müßte es so sein, nicht wie etwas Gewachsenes. Auch dieses Gebäude wirkt wie ein sehr feines und vornehmes Dekorationsstück, daß ebensowohl anderswo stehen könnte. Ein Dekorationsstück in der Art der herrlichen Turmbauten Gontards, die den Gendarmenmarkt zum schönsten Schmuckplatz Berlins machen, und die mit ihrem romanischen Pathos den Passanten heute noch einen Augenblick vergessen lassen, wo er sich befindet. Eben dieses von Frankreich her eingedrungene und von der französischen Kolonie kultivierte Pathos ist es, was dem Berliner Wesen fremd blieb. Darum sind weder das Opernhaus noch die prachtvollen Turmbauten Gontards, weder Ungers malerisch bewegte Fassade der alten Bibliothek noch die reizenden Formen des Ephraimschen Hauses am Molkenmarkt eigentlich jemals populär gewesen. Das am meisten Berlinische in diesen und anderen Bauten der Friedericianischen Periode ist der Umstand, daß sie im wohlfeilen Putzbaustil errichtet worden sind. Sonst aber fehlen die tief ins Volksbedürfnis reichenden Wurzeln.

Vergleicht man das Berlin dieser Zeit mit Paris, und Potsdam mit Versailles, wozu mancher Umstand auffordert, so zeigt sich ein charakteristischer Unterschied. Versailles ist durchaus eine Dépendance von Paris, seine Bauten sind ohne die Pariser Architektur unmöglich und sind durchaus das Produkt der hauptstädtischen Bauentwicklung; die Berliner Architektur der Fridericianischen Epoche ist dagegen weit entfernt, die feinen Wunder der Potsdamer Schloßbauten hervorgebracht zu haben, ganz ein Produkt eben dieser dynastischen märkischen Baukultur. Es gab im Berlin Friedrichs des Großen keine hauptstädtische Bautradition, woran die Knobelsdorff, Gontard, Boumann, Unger usw. mit ihren Repräsentationsbauten hatten anknüpfen können. Diese Architekten schufen sich eklektizistisch die fehlende Tradition vielmehr mit Hilfe ihrer rein höfischen Bautätigkeit und ließen Berlin von den Resultaten dann profitieren. Wenn Versailles ohne Paris, ohne die lückenlos von Jahrhundert zu Jahrhundert sich knüpfende Pariser Bautradition undenkbar ist, so ist das Berlin Friedrichs umgekehrt ohne Potsdam undenkbar. Es zeigt sich auf diesem Punkt einmal mehr, daß bis zu dieser Zeit nicht die Hauptstadt einen Baustil hervorgebracht und sich selbst Architekten erzogen hat, sondern daß von außen herzukommende Architekten der Hauptstadt halb willkürlich immer Bauwerke geschenkt und so das Stadtbild geschaffen haben.

Erst unter der Regierung Friedrich Wilhelms des Zweiten sind eigentlich die Konsequenzen Dessen gezogen worden, was unter des Soldatenkönigs hausväterlicher Regierung begonnen worden ist. Kurz vor der Jahrhundertwende wird Berlin endlich in gewisser Weise architektonisch selbständiger; es zeigt sich endlich etwas wie ein allgemeiner, spezifisch Berliner Baustil. Sehr bezeichnend ist es nun aber, daß diesc relative Selbständigkeit und Zielsicherheit in dem Augenblick erst hervortrat, als rings in Europa die originale Schöpfungskraft in den architektonischen Künsten erlosch, um einem allgemeinen Eklektizismus, um den Epigonenstilen Platz zu machen. Das ist zu beachten. In der Kolonialstadt, die fern von den Kulturquellen des Mutterlandes aufwuchs, konnte ursprüngliche Schöpfungskraft nie gedeihen; um so geschwinder waren die behenden Bildungspioniere aber zur Stelle, als es nun galt, aus dem einst genial Geschaffenen mit sekundärem Lebensgefühl Zeitgewänder zurechtzuschneiden. Berlin ist in allen Dingen eine Hauptstadt des Eklektizismus geworden, weil es auf eklektizistische Selbsterziehung durchaus angewiesen war; darum ist der bürgerliche Klassizismus der eigentliche Architekturstil dieser Stadt. Nur an ihn denkt man eigentlich, wenn von typischen Architekturbildern Berlins die Rede ist. Alles Andere: von den Werken Schlüters bis zu denen Knobelsdorffs und Gontards, stehen da wie Fürstengeschenke, wie Zufallsgaben reicherer Kulturzonen.

Am feinsten, edelsten und originellsten ist der klassizierende Eklektizismus während der Regierung Friedrich Wilhelms des Zweiten gewesen. Denn zu dieser Zeit war er den Quellen der ursprünglichen barocken Schöpfungskräfte und den selbständigen Anfängen aus der Zeit Friedrich Wilhelms des Ersten noch nahe. Und zu dieser Zeit war er auch bürgerlicher noch als später, wo Schinkels feines Gelehrtentum von den preußischen Königen zu repräsentativen Zwecken benutzt wurde. Zwischen 1780 und 1810 etwa sehen wir die Baukunst in Berlin auf einer Höhe, weil so energisch wie niemals vorher oder nachher das nun reich und selbstbewußt und sich städtisch konsolidierende Bürgertum aus wirklichen Bürgerbedürfnissen heraus an einer charaktervollen Stadthausarchitektur zu bauen begann, weil der Bürger selbständig nun fortzusetzen sich berufen fühlte, was ihm vom hausväterlich denkenden Friedrich Wilhelm dem Ersten vor fünfzig Jahren kommandiert worden war. Endlich lernte es dieses Bürgertum, die Baumeister aus seiner Mitte hervorzubringen, so daß in der Folge selbst die Fürsten für dynastische Zwecke sich dieser bürgerlich determinierten Begabungen bedienen mußten. Das demokratische Zeitalter kündigte sich in der Berliner Architektur durch eine gewisse Selbständigkeit an. Langhans, Gentz, die beiden Gilly, Erdmannsdörfer und der junge Schinkel: das waren bodenständige Talente, Produkte der endlich geglückten Verschmelzung germanischer, romanischer und slawischer Volkselemente. Sie Alle waren, wie es die Berliner Atmosphäre verlangte, kühl, kritisch, ja, sogar nüchtern; aber es waren auch lauter feine, vornehme Naturen. Sie empfanden wirklich musikalisch die Traditionen des Jahrhunderts und die lebendigen Bedürfnisse der Zeit; nur wurde ihr Empfinden, je mehr sie alterten, immer auch akademischer, es führte zur Stilkritik, und wenn der Künstler ein Werk begonnen hatte, so beendete es oft der Kunstdenker. Und dieses Kunstdenken gewann naturgemäß umso mehr an Macht, je weiter die Zeit die Künstler von den Traditionen des achtzehnten Jahrhunderts entfernte. Eine kräftigere Kulturstimmung als in den letzten beiden Jahrzehnten des achtzehnten Jahrhunderts hat es in Berlin nie gegeben. Die klassizistische Baukultur ist im neunzehnten Jahrhundert viel allgemeiner geworden und hat Straßen und Plätzen das eigentliche Gepräge gegeben; aber Allem, was vor 1800 entstand, ist eine spezifisch märkische Nuance eigen, die später nicht mehr zu spüren ist, es dringt, zum ersten und letzten Mal in Berlin, durch das epigonische Empfinden leise ein sinnlicher Wille hindurch. In dieser Zeit baute Langhans das Brandenburger Tor, das am meisten berlinische aller hauptstädtischen Bauwerke; Gentz errichtete die neue Münze, es entstanden das Schloß Bellevue, die Eingangsgebäude zum Schloß Monbijou, die schöne Fassade des Auswärtigen Amtes in der Wilhelmstraße und die Gebäude der Kommandantur. Berlin erhielt in dieser Zeit seine edelsten Bürgerhäuser, in der Behrenstraße, in der Dorotheenstraße, überall in der sich residenzlich verfeinernden Stadt. Ja, der Wille zu einer preußischen berlinischen Architektur erhob sich in den Konkurrenzentwürfen für ein Denkmal Friedrichs des Großen bis zum Monumentalen. Aber die Künstler solcher schönen Werke sind dann, je weiter sie sich vom Ursprung der Tradition entfernten, mehr und mehr auch der Theorie verfallen. Oder sie haben ihren Nachfolgern doch nicht das Geheimnis ihres still sinnlichen, musikalischen Gefühls und die Vorteile ihrer Traditionsnähe vererben können. Der Eklektizismus von 1820 schon ist ein anderer als der von 1790; der Baucharakter des Brandenburger Tores ist ein anderer als der des Neuen Museums. Innerhalb des klassizistischen Epigonentums selbst spielt sich eine Entwicklung ab, dergestalt, daß Schinkel in manchem Werk dem Stil der Langhans und Gentz gegenüber fast dekadent erscheint.

Aber diese Entartung des Eklektizismus zum Verstandesmäßigen, Bildungshaften gerade hat dem Berliner Geiste zugesagt. Schinkel, der Vertreter, das Genie dieser nachgeborenen Architekturidee, ist der populärste und einflußreichste aller Berliner Architekten geworden. Sein Wollen hat so starke Resonanz in der Kolonialstadt Berlin gefunden, daß sich im neunzehnten Jahrhundert dann sogar das Unglaubliche begibt: Berlin beginnt einen gewissen Einfluß auf die Bauweise der Provinz zu üben. Es findet den ihm ganz zusagenden Stil erst in einer Kunstidee, die man akademisch bewältigen kann, in einer »objektiven« Bauidee, die ein Gebäude griechisch, das andere gotisch oder in sonst einem historischen Stil baut, wie die Bildung es eben dekretiert.

Schinkel erst ist berlinisch trotz Knobelsdorff. Er ist in seiner Art genial; aber er ist es innerhalb der Determination eines Kolonialstadtbewohners. Ihm sind die Wirkungen seiner Kunst nachzurechnen: das hat ihn in der Stadt der Kritik populär gemacht. Es ist von diesem Künstler mit Ehrfurcht zu reden. Denn er stand unter dem Schicksal seiner Zeit, und er hat sich dem Müssen seiner Epoche mit großem und reinem Sinn als ein sehr bedeutender Könner hingegeben. Für Berlin aber ist es ungemein bezeichnend, daß es gerade diesen feinen Epigonen zum Stadtbaumeister berufen hat, daß gerade aus der

Lehre dieses »gebildetsten« aller Berliner Architekten eine Bauschule hervorgegangen ist. Analysiert man die Begabung Schinkels, so findet man darin freilich auch viel ursprüngliche Romantik und manchen lebendigen modernen Instinkt; doch hat Berlin das Ursprüngliche in diesem Talent schlechter zu nutzen verstanden als das Akademische, schlechter als das Theoretische, das Lehr- und Lernbare des nachgeborenen Griechentums. Und so hat die Stimmung der Hauptstadt auf Schinkel dann wieder zurückgewirkt, so daß er der angeborenen Neigung, die Kunst epigonisch zu denken, nur noch mehr nachgab. Schinkel: dieser Name ist für die Berliner Baukunst gewissermaßen ein Sammelbegriff geworden. In diesen Begriff gehören nicht nur die Werke des Meisters, nicht nur Monumentalgebäude wie das Alte Museum, die Neue Wache, das Schauspielhaus, die Bauakademie usw., sondern es gehören auch alle die Stadthäuser und Villen hinein, die den westlichen Stadtteilen noch heute zum Teil den Charakter geben, die kühl englisierende Gotik der sechziger Jahre und alle die Architektennamen, von Stüler und Strack bis Hitzig und Waesemann. Schinkel: der Name bedeutet nicht nur eine Anzahl feiner, rhythmisch klingender Architekturen, sondern eine Idee. Die Epigonenidee nämlich, die das Problem zu lösen sucht, wie man sekundäre Kulturzustände schafft. Der Name Schinkel bezeichnet die edelste Seite des ehrgeizigen Repräsentationswillens moderner, vom ursprünglichen Kulturempfinden gelöster Menschen; er bezeichnet klarer und reiner als irgendein anderer Name in Berlin den eifervollen Willen zum Wissen, Verstehen und zu geistigem Besitz, bezeichnet höchsten Epigonenfleiß und intensivste Epigoneneinfühlung, den Sieg des Erkennens und der Kritik über die schöpferische Kraft. Mit feinem, etwas femininen Verstehen und goethisch hellem Blick die Welten alter Kultur durchstreifen und im Nachschaffen großer Vorbilder Genüge finden, eine nordisch arme Stadt gewissermaßen museumshaft ausgestalten und dem lebendigen Bedürfnis ein starres akademisches Stilgehäuse anweisen: für solche Bestrebungen repräsentiert Schinkels Name. Mit diesem mehr feinen als starken, mehr spirituellen als sinnlichen, mehr einsichtigen als gestaltenden Künstler setzt sich in Berlin der Jahrhundertwahn fest, man hätte Kultur, wenn man sie denken kann. Es kommt mit ihm in Berlin aber auch das Prinzip zum Durchbruch, das einer Garnison- und Kolonialstadt allein dauernd gemäß ist. Der Klassizismus, wie Schinkel ihn verstand, hat seine Parallelen in München, in Wien, überall in Deutschland; aber nirgend ist er zu einem so ausschließlich bestimmenden Stadtbaustil geworden wie in Berlin.

Mit Recht ist die preußische Hauptstadt dem Philhellenen aus Neuruppin so dankbar. Denn er tat, was die Zeit forderte und was der immer noch formlosen Hauptstadt nötig war, mit wahrhaft adeliger Gesinnung. Sei es wie es sei: immerhin ist es der Zeit doch erst, der Schinkels Name voranleuchtet, gelungen, was sieben Jahrhunderten nicht gelingen wollte. In der Herrschaftsperiode des Eklektizismus erst, von 1780 bis 1860 etwa, und am meisten während des direkten Einflusses Schinkels, ist Berlin architektonisch erst zu einem Organismus geworden, zu einer Residenzstadt, würdig dieses Namens. Die puritanisch repräsentativen, langweilig prächtigen Stadthausfassaden erscheinen noch heute typisch, die weißen, villenartigen Herrschaftshäuser des Tiergartenviertels haben dem Stadtbild eine entscheidende Note gegeben; der ziegelsteinerne Basilikenstil der in geistreichen Verhältnissen mit feiner Gliederung erbauten kleinen Protestantenkirchen, die in allen Stadtteilen verteilt sind, mutet in seiner vornehm nüchternen Nacktheit, in seiner puritanischen Eleganz und in seinem reinlichen Utilitarismus ganz berlinisch an; und wenn man an die Königstadt Berlin denkt, so sieht man im Geiste zuerst immer das Brandenburger Tor, die Neue Wache, das Alte Museum und Gebäude ähnlicher Art. Diese Epoche des bewußten Eklektizismus hat aus Berlin eine Stadt heller, nüchterner Putzbaumonumentalität gemacht. Straßauf, straßab begleitete den Wanderer, der um 1860 die Stadt durchschritt, ein kasernenmäßig und bureaukratisch korrekt gewordenes Griechentum, eine antikisierende Bürgerbauweise, die soldatisch kalt, garnisonmäßig und empfindungsarm anmutet, die im wesentlichen ein Bildungsprodukt ist und nur eine Maske, worin aber doch noch ein Nachklang von Schönheit und musikalischem Gefühl ist. Die Leere dieses Stils ist nicht ohne Monumentalität. Und diese gläsern starrende und in Kleinlichkeit gehüllte Monumentalität paßte nicht übel zu den breiten, leer wirkenden Straßen, deren Weiträumigkeit hier und da Züge einer seelenlosen Großartigkeit annahm. Bürgertum und Fürstentum haben sich in diesen Jahrzehnten durchdrungen. Berlin schickte sich an, Großstadt und politische Hauptstadt Deutschlands zu werden; und es sah in seiner kolonialen, gouvernementstadtmäßigen Neuheit auch architektonisch mit einem gewissen Hochmut auf die alten Stadtkulturen des Mutterlandes herab.

Daß es sich in dieser Epoche vor 1860 wirklich um eine Art von sekundärer Gesamtkultur handelte, davon zeugt der Umstand, daß die architektonische Kunst nicht nur Grundrisse und Fassaden einheitlich ausgestaltete, sondern daß sie das ganze Interieur, alle Gegenstände des Kunsthandwerks umfaßte. Zum erstenmal in der Stadtgeschichte Berlins gibt es einheitlichere bürgerliche Lebensformen, Gewohnheiten und darum auch ein typisches Interieur. Trotz des biedermeierlichen, zopfigen Griechentums ist in diesem Interieur freilich östliche Stickluft, trotz der palastartigen Fassaden herrscht die Stimmung provinzmäßiger Anspruchslosigkeit und sparsamer, frugaler Lebensweise. Selbst bei Hofe geht es ziemlich kleinbürgerlich zu. Aber es ist doch Einheitlichkeit zu spüren. Man atmet die Luft einer Kultur gewordenen Ordnung. Die Handwerksleistung ist solide geworden, die Kunstindustrie hat sich vervollkommnet und die Geistesatmosphäre der Goethezeit ist auch ein wenig in die Stadt des märkischen Ostens gedrungen. Nach jahrhundertelanger Anstrengung, nachdem die Bevölkerung immer wieder zu neuen Anfängen und zum härtesten Kampf um die Existenz verdammt gewesen ist, winkt den ungeheuren Anstrengungen endlich der Erfolg, und Berlin beginnt innerlich und äußerlich die Stätte einer zwar sekundären, aber doch organisch scheinenden Kultur zu werden.

# Die Künste

Wie überall, so sind die Schicksale der Baukunst auch in Berlin im wesentlichen die der ganzen Kunst, ja der Stadtkultur überhaupt gewesen. Denn die architektonischen Künste wurzeln so tief immer in den sozialen Bedürfnissen, den profanen und idealen, des Volkes, daß sie zum Gradmesser des allgemeinen Lebensgefühls werden und daß ihren Spuren Malerei und Skulptur getreulich immer folgen.

Wie Berlin spät erst zu einer eigenen Stadtarchitektur gelangt ist, so treten auch Skulptur und Malerei spät erst mit eigentümlichen Zügen hervor. Und so fehlt es auch diesen Künsten wie der Baukunst an ursprünglicher Schöpfungskraft. Jahrhundertelang ist in Berlin nach Werken der bildenden Kunst kaum Nachfrage gewesen; was in die Stadt des Ostens gelangte, war mühsam importiert. Nie hat sich die stolz üppige Phantasie gotischer Steinmetzen in Berlin betätigen können, nie ist mehr als ein Hauch nur des reichen bürgerlichen Renaissancegefühls aus den alten deutschen Städten des Südens und des Westens nach dem märkischen Vorwerk gedrungen. Was an Kunstwerken oder an Kunstvermögen nach Berlin gebracht wurde, war zufällig; es waren Abfälle von der reichen Tafel der mutterländischen Luxuskultur, es war Handelsware, die mit dem Auge des ungebildeten Käufers betrachtet wurde. Selbst die späte Skulptur Andreas Schlüters, worauf Berlin sich heute noch mit Stolz immer beruft, war ein Fremdgewächs. Kein Unbefangener glaubt der nüchternen Märkerstadt diese quellende Fülle im Denkmal des Großen Kurfürsten, in den Karyatiden der Schloßportale, in den Masken der sterbenden Krieger an der Zeughausfassade. Rauchs Friedrichdenkmal ist berlinisch; Schlüters Werke sind es nicht.

Als Friedrich der Erste die Akademie der Künste gründete, da gab es in Berlin noch nicht die Spur einer bodenständigen Malerei oder Skulptur. Franzosen, Italiener, Holländer und Reichsdeutsche stellten der höfischen Nachfrage ein buntes Angebot entgegen; die Bürger aber lebten überhaupt ohne Kunstbedürfnis, fast ohne Industrie und Kunsthandwerk dahin. Die Akademien sind ja in ganz Deutschland geschaffen worden, weil nach dem Dreißigjährigen Krieg die Fürsten ihr Repräsentationsbedürfnis mit einheimischen Kunstkräften nicht zu befriedigen vermochten und weil Ausländer als Lehrer des Volkes, als Erzieher zu neuem Kunstgefühl herbeigerufen werden mußten. In Berlin war die Akademie aber notwendiger noch als anderswo, denn dort lagen die Verhältnisse doppelt schlimm. Es bedurfte einer akademischen Lehre von vielen Jahrzehnten, bevor die einander widerstreitenden Volkselemente genügend geeint waren, um an Das nur denken zu können, was das Leben schmückt und erhöht. Zur Zeit des ersten Friedrich Wilhelm gab es eine nennenswerte bildende Kunst noch nicht in Berlin. Der Alte Fritz noch umgab sich mit Bildern von Watteau, Lancret und Pater. Die Porträtaufträge erledigte der 1711 als Akademiedirektor berufene Antoine Pesne und der dann und wann durchreisende Graff; und was man auf den Balustraden, Treppen, Gesimsen der friderizianischen Bauten an plastischem Schmuck findet, das kann man auch als Resultat eines spezifisch berlinischen Skulpturstils mit dem besten Willen nicht ansprechen, selbst wenn es märkische Bildhauerhandwerker waren, die sich naiv und zuweilen auch mit gutem Gelingen daran versuchten. Mit Chodowiecki erst tritt ein Künstler hervor, dem gewisse typische Züge eigen sind.

Der Entwicklungszug der mit ihm einsetzenden Berliner bildenden Kunst ist mittels zweier Linien darzustellen. Die eine folgt genau der Entwicklungslinie der Baukunst; die andere geht von Chodowiecki über Schadow und seine Genossen, über Krüger und Menzel bis zur modernen Kunst Liebermanns. Diese letzte Linie bezeichnet im wesentlichen die Entwicklung der Malerei oder, besser noch, der zeichnenden Kunst. Denn die Malerei hat in Berlin immer mehr oder weniger gezeichnet. Das will sagen: sie ist immer stark begrifflich, abstrahierend, erklärend und profanierend vorgegangen. Es ist auch nicht Zufall, daß der größte Bildhauer, den Berlin jemals mit Recht sein Eigen genannt hat und der vielleicht der größte preußische Künstler überhaupt ist, daß Gottfried Schadow bedeutender fast als Zeichner denn als Bildhauer ist, daß er sich als Plastiker der klassizistischen Architekturtendenz seiner Zeit anschließt, als Zeichner aber in vielen Zügen dem bürgerlichen Realismus der Berliner Malerei folgt. Damit weist dieser umfassendste aller Berliner Künstler sehr deutlich auf den charakteristischen Dualismus der Berliner Kunst überhaupt hin. Diese Kunst hat nämlich immer eine der folgenden beiden Eigenschaften gehabt: entweder war sie akademisch und eklektizistisch oder bürgerlich naturalistisch. Daß ihr nur diese beiden Möglichkeiten blieben, ist ihr eigentliches Wesen. Da Berlin niemals an der Bildung ursprünglicher idealer Kunstformen teilgenommen hat, sondern immer nur die anderswo geprägten Formen benutzen konnte, da es nie zu lebendig fortzeugenden Traditionen gelangt ist, die das Eine aus dem Anderen hervorwachsen machen, so mußte von jeher jede zur Verwendung gelangende Idealform eklektizistisch gewonnen werden. In der Baukunst und in der Skulptur, die ganz ernste und pathetische Künste sind, ist die reine Idealform nun nicht zu umgehen; und darum war in diesen Künsten auch der akademisch vorgehende Eklektizismus nicht zu vermeiden.

Und da die Zeit es so wollte, so wurde es in diesem Falle Klassizismus. Anders in der Malerei. Ihr ist es bis zu gewissen Graden möglich gewesen, sich von der Stilidee, vom Pathos und von der Traditionsform zu befreien und den eingeborenen profanen Trieben in einem bürgerlichen Naturalismus genug zu tun. Scheinbar ist zwischen diesen beiden Tendenzen der Kunst, zwischen der eklektizistischen und der naturalistischen, ein Widerspruch. Aber das ist nur scheinbar. Sieht man genau hin, so beruht auch jener klassizistische Eklektizismus auf einer Art von Naturalismus. Denn die Tätigkeit des kritischen Auswählens und Rekonstruierens ist nicht schöpferisch und darum auch nicht im idealen Sinne stilbildend. Sie gehört eigentlich schwesterlich zu jener andern Kunsttendenz, die sich unmittelbar abschildernd an den Gegenstand, an die Natur wendet. Es sind die zwei Seiten einer Kunstkraft, die auf dem Unvermögen beruht, im höchsten Sinne schöpferisch zu sein. Einer Kunstkraft, die so recht für eine Bevölkerung paßt, der nichts zu tun bleibt, als das große Vorbild nachzuahmen oder die Natur getreulich aber schwunglos nachzubilden.

Johann Gottfried Schadow steht so recht am Kreuzweg dieses aus einer Wesenswurzel wachsenden eklektizistisch naturalistischen Dualismus. Chodowiecki, sein Vorläufer, war als geborener Danziger nur mit einem Teil seines Wesens ein Berliner geworden; der märkische Bauernsohn erst stellt das zur Besinnung seiner selbst kommende Berlinertum des neunzehnten Jahrhunderts in einer Reinkultur dar. Er ist ein Vertreter der reifsten Kulturperiode der preußischen Hauptstadt. Als Bildhauer ist er ungefähr, was Langhans, der Erbauer des Brandenburger Tores, als Architekt ist. Vor Rauch, der feineren, aber auch schwächeren Schinkelnatur, hat der durch seinen Lehrer Tassaert mit dem Barock lose noch verbundene Schadow an Natur und Sinnlichkeit ebensoviel voraus, wie die Architekten unter Friedrich Wilhelm dem Zweiten denen unter Friedrich Wilhelm dem Dritten an Natürlichkeit und lebendiger Monumentalempfindung überlegen waren. Doch gehören Beide, Schadow und Rauch, grundsätzlich zusammen. Was sie unterscheidet, ist individueller Art. Diese allein nennenswerten Vertreter märkischer Plastik sind beide Eklektizisten, determiniert in ihrem Talent durch sekundäre Kunstideen und, bei all ihrer Bedeutung, Akademiker. Zugleich aber sind sie immer auch Naturalisten, spezifisch berlinische Naturalisten. Nirgend sonstwo findet man diese merkwürdige intellektuelle Verquickung von Hellenismus und profanem Realismus. Die Form antiker Gewandfalten muß ihnen dienen, um preußische Militärmäntel und Uniformhosen rhythmisch zu gliedern; den Königen und Feldherren wird in ihren Denkmalsbildern ein realistisch klassizistisches Kleid angezogen, und die antike Reliefkunst muß modernen Schlachtdarstellungen zu künstlerischer Wirkung verhelfen. Stilform und Naturform werden in feiner, fast in zierlicher Weise zu etwas Neuem; aber dennoch wachsen Kunstform und Wirklichkeitsanschauung nicht eigentlich organisch auseinander hervor. Der Klassizismus ist nicht ursprünglich erlebt, wie beispielsweise von den Renaissancemeistern; und der Naturalismus ist nicht visionär beschwingt. Wir sehen in Schadow und Rauch zwei Meister vor uns stehen; aber sie sind Meister einer Bildhauerkunst aus zweiter Hand.

Rauch bleibt tief immer in der sekundären Stilidee stekken; Schadow hingegen befreit sich in gewissen Momenten und ringt sich zu größerer Ursprünglichkeit durch. Vor allem als Zeichner. In diesen Fällen leitet er dann, als ein Nachfolger Chodowieckis, die eigentliche berlinische Bürgerkunst des neunzehnten Jahrhunderts ein, die sachliche Bildniskunst Franz Krügers, die satirischen Humore der Hosemann, Schrödter, Dörfeld und die intellektuelle Objektivität Adolf Menzels. Schadow steht mit seiner strengen und kräftigen Gesamtpersönlichkeit da wie der Ahn der ganzen Berliner Kunst. Wie Rauch und Schinkel, Langhans und Gentz mit ihm das produktive eklektizistische Formgefühl teilen, die römisch-griechische Stilidee und ein auf kaltem Wege gewonnenes Ideal, so teilt Krüger mit dem erfindungsreichen Alten, der dem Alten Fritzen in manchem Zuge seines Wesens ähnlich sah, einen drastisch berlinisierenden Wirklichkeitssinn, eine ganz unsentimentale Nüchternheit, eine derbe Bonhomie und eine unromantische Sachlichkeit; so teilt Menzel mit ihm eine fast verkniffene Schärfe des Kunstdenkens, einen ungeheuern Handwerksfleiß und einen eisernen Willen, das Objekt zu erobern.

Was wir in der bildenden Kunst des neunzehnten Jahrhunderts in Berlin an der Arbeit sehen, das ist ein Geschlecht fleißiger Autodidakten, das freilich nicht ohne die Akademie hätte werden können, das sich aber doch von ihr auch zu befreien wußte, wo es galt, das Eigene zu fördern. Wir sehen eine ganze Künstlergeneration ohne eigentlich lebendige Traditionen, ohne die Hilfen, die gute Kunstsammlungen gewähren können, also ohne große Beispiele, ohne höheren Schwung und starkes Genie; aber handwerkerhaft tüchtig und charaktervoll. Ein Geschlecht von auch künstlerisch Emporkommenden, unberührt von all der Kunstherrlichkeit, die draußen in der alten Kulturwelt emporblühte, das Auge immer nur auf das Erreichbare und Nächste gerichtet, verständig, unsentimental und ohne höheres poetisches Temperament. Begierig nach allem Lernbaren und bürgerlich, kleinbürgerlich in jeder Empfindung. Eine Kunst für Bedürfnislose. Sie will nicht mit sinnlicher Fülle malen, erstrebt nicht die große Dekoration, nicht das Monumentale und Visionäre. Wo es große Monumentalaufgaben in dieser Zeit zu lösen galt, da war man in Berlin nach wie vor auf den Import angewiesen: auf München und Düsseldorf, auf Cornelius und Kaulbach. Man versuchte in Berlin nicht einmal zu wollen, wozu ein romantisches Sehnen die Maler im Reich immer wieder antrieb. Im wesentlichen wurden kleine Bilder gemalt, wie sie für die Bürgerwohnung passen: Porträts, Landschaften und Genrebilder. Oder es entstanden Paradestücke fürs Museum, Schlachtenbilder und Schilderungen feierlicher Momente aus der Geschichte des Fürstenhauses für das Schloß. Und daneben wurden dann harmlose Satiren für die Schaufenster der Buchhandlungen oder als Illustrationen auf Stein gezeichnet und in Holz geschnitten. Von Franz Krüger ließ sich der Adel und das wohlhabende Bürgertum sehr sachlich und ähnlich abkonterfeien; Steffeck malte den Rennstallbesitzern ihre Lieblingspferde mit gemächlicher Routine, und Hosemann ulkte gemütlich mit geschicktem Zeichenstift über das ewig Gestrige. Auf der einen Seite säumt eine kalte, weiträumige klassizistische Architektur die Straßen, werden die sehr geschickt gräcisierten Bildsäulen des Alten Fritzen, Blüchers, Yorcks oder Scharnhorsts vor gouvernementsmäßige Gebäude gestellt; und auf der anderen Seite wird eine tüchtige, aber doch schwunglose Wirklichkeitsmalerei gepflegt, deren Bilder den Bürgern kaum etwas anderes sagen als dieses: hier seht ihr ein bestimmtes Ereignis, eine bekannte Persönlichkeit, ein schönes Pferd, eine merkwürdige Begebenheit; alles ist richtig gezeichnet, sauber und sorgfältig gemalt, fleißig studiert und ohne Überschwang wiedergegeben; fürchtet euch nicht vor den Strahlen genialen Schauens und Wollens, die hier zuweilen bei Schadow und dort beim jungen Menzel hell emporzüngeln und die Möglichkeit einer neuen, großen, bürgerlichen Weltkunst früh schon andeuten; das lebendig Geniale, das heiter Freie wird in der Atmosphäre der Kolonialstadt, in der Ordnung der Garnisonstadt bald genug wieder erstickt werden.

Die bildende Kunst, wie sie sich in der ersten Hälfte des neunzehnten Jahrhunderts in dieser Weise in Berlin entwikkelt hat, bezeichnet zusammen mit der gleichzeitigen Architektur den Höhepunkt der Stadtkultur. Wie schlecht fundiert diese mühsam erreichte Bürgerhöhe aber war, das hat die Zeit dann bewiesen. Vor Schadow und Rauch gab es eine bodenständige Plastik nicht in Berlin; nach dem Tode dieser beiden bedeutenden Naturen aber ist die Skulptur gleich auch dem leblosen Formalismus der Drake, Wichmann, Wolff, Bläser und Anderer verfallen, um in den Repräsentationskünsten des neuen Reiches, im Dekorationsstil Reinhold Begas' ganz dann zu entarten. In der Malerei aber hat der Verfall des kaum Erreichten in Menzel selbst schon begonnen, nachdem dieser Künstler in seiner Jugend die Werke geschaffen hatte, die die Berliner Malerei und Zeichenkunst auf ihrem Gipfel zeigen. Dieses Schicksal deutet auf eine Kunst, die wie ein Notgebilde ist, allen Schwankungen des sozialen Lebens und der Staatspolitik preisgegeben, die sich von äußeren Begebenheiten nähren muß, weil ihr die tieferen Ressourcen im Kunstbedürfnis der Stadtbevölkerung fehlen, weil sie nicht das Produkt einer Hauptstadt ist, worin die besten Kräfte des Landes immer wieder als nach einem natürlichen Mittelpunkt zusammenströmen. Es ist die Kunst einer mühsam und künstlich gewordenen Kolonialstadt, in der es viel Arbeit gibt und wenig Genuß, gute Ordnung und Zucht, aber nicht die Poesie des Überflusses; wo der Pionier hinter beamtenhaft repräsentativen Fassaden wohnt und trocken Brot ißt.

Der aus der Stadtgeschichte sich ergebende Mangel an Stadtbewußtsein ist Ursache geworden, daß der Deutsche seine Reichshauptstadt und ihre Atmosphäre nicht aus den Werken der Poeten schon kennenlernt. Es gibt kein wertvolles Werk in unserer Literatur, das im geistigen Milieu Berlins wurzelte, weil sich niemals das ganze Volk in der Stadtkultur dieser Hauptstadt hat spiegeln können. Dieser Wohnort einer immer wieder aufgewühlten Mischbevölkerung hat nicht nur große Dichter nicht hervorgebracht, sondern nicht einmal die im Reiche wirkenden zu sich hinziehen können. Kam einmal einer der Poeten, deren Namen die Nation mit Ehrfurcht nennt, nach Berlin, so hat er immer den Tag gesegnet, wo er diese den großen Menschheitsideen feindselig gesinnte Stadt wieder verlassen durfte. Darum hat die jetzige Reichshauptstadt auf keinen der bedeutenden Nationaldichter determinierend gewirkt.

Blickt man nach Frankreich und England oder auch nach Österreich, so sehen wir den Dichter unhemmbar zur Hauptstadt hingezogen. Die epische Prosakunst vor allem wurzelt unlöslich immer im Boden der Hauptstädte; und gerade weil es so ist, weil sie eine Heimatskunst genannt werden muß, ist sie dann zur Weltkunst geworden. Denn durch diese natürliche Lokalisierung erst ist sie wirklich und konkret genug geworden, um die allgemeinmenschlichen Ideen hervorbringen und tragen zu können; indem sie an einer Geschichte der Hauptstadt schrieb, stellte sie den Willen und die Schicksale eines ganzen Volkes dar. Die Stadtstimmung Londons kennt man schon, bevor man nur einen Fuß in die Stadt gesetzt hat, aus den Romanen von Dickens und Thackeray, von Scott und Fielding; man atmet die Atmosphäre der englischen Hauptstadt selbst, wenn man nur die Geschichtsdarstellungen Macaulays liest. Der Geist der Stadtgeschichte selbst blickt Einen aus diesen Werken einer internationalen Nationalliteratur an, und aus der Stadtgeschichte dann zugleich die Geschichte des Landes. Der in Berlin Lebende kann innerlich mehr mit der Londoner City, in Highgate oder Hammersmith vertraut sein als mit den Gegenden der Oberbaumbrücke, des Gesundbrunnens oder Rixdorfs; er kann lebendigere Empfindung haben für die Londoner Anwälte, Lord Mayors, Cityleute und Straßenjungen als für die physiognomielose Bevölkerung der Reichshauptstadt. Oder welch bessere Führer durch die vielverschlungenen Wege von Paris, durch seine Bürgerstadt und Königstadt, durch alle hellen und dunkeln Gassen seiner Stadtgeschichte könnte man sich wünschen als französische Romanciers wie Stendhal und Balzac, Victor Hugo und Flaubert, Zola, die Goncourts oder Maupassant! Eine Weltkunst kommt uns auch hier aus einer leidenschaftlich geübten Heimatskunst entgegen. Alle sozialen Bewegungen der Jahrhunderte und vor allem des neunzehnten Jahrhunderts spiegeln sich getreulich und kurzweilig ab in Bewegungen des Pariser Lebens; wir sehen das Stadtgebilde, Ring um Ring, schwellend sich erweitern und immer neues nationales Leben zu sich hinziehend, und wir erleben in den Romanen das Ancien régime, die Revolution, das Heldenzeitalter Napoleons, die Restauration, das Bürgerkönigtum, die zweite Republik und das zweite Kaiserreich. Ohne es zu wollen und zu wissen, machen die Dichter ihre Leser zu Bürgern ihrer Hauptstadt und lassen sie Großes erleben, indem sie ihnen das Epos der Stadtgeschichte darreichen. Wer kann Tolstois Romane und Novellen, wer Dostojewskijs Epopöen des Seelenlebens lesen, wer kann Turgenieffs kultivierte Erzählungskunst genießen, ohne daß Petersburg und Moskau in vielen ihrer Sonderzüge begriffen werden! Ja, sogar Kopenhagen und Christiania lernt man aus modernen Romanen besser kennen als Berlin. Aber nicht nur der abschildernde Prosaroman vermittelt das Verständnis für den Schauplatz, wo er spielt. Auch Musset und Béranger, Corneille, Racine und Molière geben sich gleich als echte Pariser zu erkennen. Aus Shakespeares Stücken selbst weht uns die spezifische Renaissanceluft Londons an; und es gibt kaum einen österreichischen Poeten, dessen Werke nicht von der reichen Atmosphäre des Wienertums wie mit einem Pleinair umgeben wären. Gibt es also selbst einen Wiener Stil in der deutschen Literatur: einen Berliner Stil gibt es nicht.

Auf diesem Vorwerk des Deutschtums sind Dichter nicht erzogen worden. Sehr spät erst, im neunzehnten Jahrhundert, hat Preußens Hauptstadt ein paar Historiographen gefunden. Aber das sind Epigonen. Willibald Alexis, der Scottnachahmer, dichtete nicht aus seiner Gegenwart, aus der Fülle des hauptstädtischen Lebens heraus, sondern griff, künstlich rekonstruierend, in eine dunkel nur überlieferte Vergangenheit zurück, mit romantischer Empfindung eine nur halb glaubhafte historische Bilderwelt aufbauend. Er erlebte nicht seine Vaterstadt, sondern diente, wenn auch ehrlich und klug, so doch mit subalterner, verstimmender Absichtlichkeit einer patriotischen Geschichtsidee. Und einem ganz modernen Chronisten Berlins wie Theodor Fontane fehlte durchaus das Gestaltungsvermögen, das ungeheure Chaos der neuen Großstadt zu schildern. Er kommt als Plauderer, wo es des schöpferischen Temperaments bedürfte, als ein absichtlicher Wanderer durch die Mark; er machte feine Bemerkungen für Die, die Berlin genau schon kennen, aber was er sagt, bleibt innerhalb einer nur lokalen Bedeutung. Ein zum Romancier gewordener Feuilletonist ist Fontane, nicht ein Dichter der Hauptstadt. Damit ist die Reihe der berlinischen Poeten aber schon erschöpft; denn was noch bleibt, gehört nicht mehr zur Literatur in ihrer hier abgegrenzten Bedeutung. Daraus ergibt sich die nackte Folgerung, daß die ganze deutsche Literatur ohne Berlin geworden ist, wie sie ist. Die Stadt im Osten war stets nur Empfängerin und Konsumentin, nicht Produzentin. Es gab in Berlin zu keiner Zeit eine höfische Poesie; aber es gab auch niemals eine spezifische Bürgerpoesie. Der Dichter galt in Berlin weniger noch als im übrigen Deutschland. Er wurde hochmütig als ein Deklassierter betrachtet von der phantasielosen, zweckvoll denkenden Kolonistenbevölkerung; und dadurch wurde er nur noch mehr isoliert, so daß seine Produkte, wo sie sich doch einmal auf die Stadtatmosphäre beziehen, vom Standpunkte des Bohemiens aus geschrieben sind, so daß den Darstellungen der natürlich feine Gesellschaftston fehlt, der die französischen Romane zu so getreuen Spiegelbildern des Pariser Lebens macht. Alle diese Tatsachen mögen nicht zuletzt Grund gewesen sein, daß Friedrich der Große so gering von deutscher Dichtkunst dachte. Er lebte unmittelbar in dem kunstarmen Milieu der Kolonialstadt. Nichts sprach aus seiner Hauptstadt zu seiner regen Phantasie, wenn er nicht selbst die Anregung schuf.

Nicht zufällig hat sich die Tragödie Heinrich von Kleists auch in der märkischen Hauptstadt abgespielt. Gewiß wäre Kleist überall in Deutschland unverstanden geblieben; nirgend aber wäre ihm die Hoffnungslosigkeit seiner Lage so roh und hart zu Bewußtsein gebracht worden wie in der Stadt abgestempelter Phantasielosigkeit. Den einzigen ganz großen Dichter, den die Mark hervorgebracht hat, sehen wir an Berlin zugrunde gehen; denn nirgend ist von je über Größe und Leidenschaft so infam spöttisch gelacht worden wie in dieser Hauptstadt der Zweckmäßigkeiten. Die großen Realpolitiker und Feldherren wurden zur Not verstanden, niemals aber die edlen Phantasiemenschen, deren Geist über diese Welt harter Realitäten den schillernden Regenbogen der höheren Idee spannt, niemals die leidenschaftlichen Ethiker. Ein E. Th. Hoffmann konnte geduldet werden; denn seine Romantik war immerhin stark mit Sarkasmus und beziehungsreichem Spott versetzt. Er war ein guter Jurist, der nebenher seiner tollen Laune zum allgemeinen Amüsement die Zügel schießen ließ. Kleist aber, der verzückte Jüngling mit seinem donnernden »Alles oder Nichts«, konnte nicht in einem Gemeinwesen geduldet werden, in dem die mit sich selbst unbekannten Bürger immer nur wollten, was sie konnten, und in dem nicht einmal der Instinkt dafür lebendig war, daß der Stadtbevölkerung in diesem märkischen Adelssproß eine höchste Möglichkeit der Selbstentwicklung vom Schicksal vor Augen geführt worden war.

Diese kühle Abwehr des ethischen Pathos und der genial produzierenden Kraft einerseits und ein fast gieriges Verlangen nach allen erreichbaren Bildungswerten andererseits hat auch der Entwicklung des Theaters die Richtung gewiesen. Da Berlin niemals eine Hauptstadt deutscher Dichtung gewesen ist, so ist es auch nie eine Theaterstadt im eigentlichen Wortsinne gewesen. Deutsche Bühnenkunst hat sich in Wien, Weimar, Hamburg, Mannheim und München entwickelt, nicht in Berlin. In der Markgrafenstadt hat es keine Mysterienspiele, in der Kurfürstenstadt keine Hanswurstkomödien und unter den preußischen Königen keine Nationalbühne, wert dieses stolzen Namens, gegeben. Es gab in der unruhigen Kolonialstadt niemals die Gesellschaftsatmosphäre, woraus das Drama großen Stils oder auch nur die bürgerliche Tragödie hervorwachsen; und noch weniger fand sich die attische Lebensstimmung, woraus das nationale Lustspiel entsteht. Die Stadtbevölkerung brachte es als Ganzes bestenfalls zu einer Kriegs- und Siegesstimmung; aber auch die wurde dann nur praktisch unmittelbar begriffen, nicht gleichnishaft heroisch. Darum haben weder die großen dramatischen Dichter noch bedeutende Theaterleiter wie Laube, Dingelstedt oder Goethe ernsthaft mit Berlin und seinem Publikum gerechnet. Länger als sonstwo regierte in Berlin die italienische Rokokooper; Friedrich der Große noch wollte nichts von der »Barbarei und dem Firlefanz« eines deutschen Theaters wissen, und noch unter des plebejischen Geschäftsmanns Döbbelin Leitung, zur Zeit Friedrich Wilhelms des Zweiten, war das vornehmste Schauspielhaus eine Stätte der Intrigen und Skandale, war es mehr ein Freudenhaus noch als eine Kunststätte. Iffland, ein Süddeutscher, ist der einzige höhere Geist gewesen, der sich in der ersten Hälfte des neunzehnten Jahrhunderts selbstlos um die Entwicklung des Berliner Theaterwesens bemüht hat. Doch ist selbst er insofern dem Berliner Geist unterlegen, als er dem poetisch Großen und tragisch Monumentalen auf der Bühne von Jahr zu Jahr mehr das Künstliche und Kalte, das Sensationelle, Virtuosenhafte, Sentimentale und bürgerlich Larmoyante vorzog. Bei allen künstlerischen und administrativen Talenten ist er kurzsichtig genug gewesen, gegen die zu seiner Zeit lebhaft spukende Staatstheatertheorie aufzutreten, und er hat es so verschuldet, daß Berlin an Stelle eines wahrhaften Nationaltheaters nur Hoftheater erhalten hat, deren künstlerische Leitung in den Händen aristokratischer Dilettanten, trockener Bureaukraten, ahnungsloser Kavaliere und militärisch denkender Drillmeister steht. Wo man in der Theatergeschichte Wiens eine Reihe von Namen genialer Organisatoren findet, da wird die Entwickelung des Berliner Theaters zu einem Hofinstitut von Namen tüchtiger Geschäftsleute wie Döbbelin und Küster und korrekter Intendanten wie Brühl und Hülsen nur bezeichnet.

Es sind nach Berlin im neunzehnten Jahrhundert natürlich die neuen Theaterstücke und alle berühmten Schauspieler gekommen. Doch ist das ja noch nicht Beweis einer Theaterkultur. Das Entscheidende ist, daß in der werdenden Großstadt das Theater immer mehr oder weniger als ein industriell geleitetes Vergnügungsinstitut betrachtet worden ist, daß man nie eine »moralische Anstalt«, nie etwas Sakrales darin erkennen wollte. Es ist sehr bezeichnend, daß es in Berlin etwas natürlich Gewachsenes, etwas Spezifisches nur innerhalb des niedersten Gebietes der dramatischen Poesie gibt: in dem Genre, das mit den Worten Schwank und Posse umschrieben wird. Die Berliner Posse allein, diese ganz und gar prosaische, philisterhaft provinzmäßige Kunstschöpfung, deren Genius der gesunde Menschenverstand in Person ist, zeigt eine gewisse Selbständigkeit und ein bestimmtes Lokalkolorit und eine gewisse an Namen wie Angely, Nestroy, Kalisch usw. geknüpfte Entwicklung. Eine sehr charakteristische Armut. Kein Roman, kein Drama, kein Lustspiel, keine besondere Lyrik: nur eine Vorstadtposse, dargestellt von Vorstadtkomikern. Weder ein vom Volksbedürfnis determiniertes Schauspiel noch eine in Deutschland führende Oper. Denn auch eine Musikstadt ist Berlin nie gewesen. Weil nämlich der Berliner kein singfroher Mensch war, weil aus seiner kühl wägenden Natur sinnlich schöne Melodien nie hervorgequollen sind. In Wien hat man gesungen, soweit die Geschichte zurückdenken kann; vom Rhein sind seit Jahrhunderten die Lieder herübergekommen, und dorthin hat es darum auch die Musiker gezogen. Alle unsere Großen: Bach, Händel und Haydn, Mozart, Beethoven und Schubert, Schumann, Brahms und Wagner: sie alle haben fern von Berlin gelebt und musiziert. Währenddessen wirkten und repräsentierten im hauptstädtischen Getriebe Berlins Persönlichkeiten wie Spontini und Meyerbeer. Als eine Ausnahme schon, als eine tiefere Persönlichkeit steht im Berliner Musikleben der gute alte Zelter da. Ganz gewiß ein charaktervoller Förderer des Echten und Schönen, aber auch er ohne große, genialisch fortreißende Leidenschaft. Zur Pflicht, zu einer Bildungspflicht wurde den Berlinern selbst der Musikgenuß. In dieser Bevölkerung war nie natürliche Tanzseligkeit und Singefreudigkeit; es war in ihr nicht heiteres Temperament, nicht die Leidenschaft, Menschliches menschlich zu fühlen und dem Elementaren selbstvergessen sich hinzugeben. Die Gedanken der Notdurft traten so lange vor die schöne Gefühlswallung mit ihrer erstarrenden Prosa, bis Resignation der ganzen Bevölkerung zur zweiten Natur geworden war. In die Lust mischten sich der Spott, die Selbstironie, die Skepsis und die Sensationsgier des Ungebildeten, es fehlte der Sinn für Qualität, und an seine Stelle trat konsequent dann das Verlangen nach der Quantität. Als diese Bevölkerung auf dem

Gipfel ihrer Stadtkultur war, in der Mitte des neunzehnten Jahrhunderts etwa, da war Berlin zwar ein Markt schon für alle im Reich geschaffenen Kunstwerte und eine Hauptstadt des Eklektizismus auf allen Gebieten; aber es war trotz der repräsentativen Geste auch wieder nichts anderes als eine Stadt der Possen und Couplets, eine Stadt blecherner Militärmusik.

Und dann freilich eine Stadt der Kritik. Dies konnte nicht anders sein. Denn eine Stadt, die zur Produktion höherer geistiger Werte unfähig ist, deren wachsende Macht aber doch alle Resultate der geistigen Kultur an sich zu ziehen bemüht ist, bedarf durchaus der Kritik, um die ihr fremden Werte zu ordnen. Nicht um sie objektiv zu ordnen. Denn dazu bedarf es wahren Verständnisses und lebendigen Nachempfindens; wer aber das Höchste nicht ahnen, nicht fühlen kann, vermag es auch nicht zu beurteilen. Die Aufgabe der Berliner Kritik hat vielmehr vor allem darin bestanden, das Beunruhigende abzuwehren. So forderte es die schwere Kolonialarbeit, die zu leisten war, die alle Kräfte in Anspruch nahm, die kühle Selbstbesinnung und klare Nüchternheit forderte und den genialen Überschwang verbot. Zuviel Phantasie und Gefühl für Schönheit, zuviel Weltbürgertum und Freiheit hätten die Grundlagen der Stadtwirtschaft erschüttert. Die Verhältnisse forderten in der märkischen Pionierstadt ein nationalistisches, partikularistisches, ja bäurisch engherziges Denken. Es war der Selbsterhaltungstrieb, der zu solchen unliebenswürdigen, kunstfeindlichen Eigenschaften zwang. Und doch brauchte die Stadt zu gleicher Zeit alle die geistigen Anregungen, die das Mutterland zu bieten hatte. Dieser Dualismus hat die besondere berlinische, liberal-konservative Kritik erzeugt. Eine Kritik, als deren Prototyp immer wieder Nicolai genannt worden ist und deren Wesen darin besteht, daß sie auf der einen Seite fortschrittlich für Aufklärung und vernunftgemäße Anschauung der Dinge sorgt, während sie auf der andern Seite zugleich das aus großen Gefühlswallungen Geborene, das Geniale und unbedingt Ethische verfolgt. Die Berliner Kritik basierte in allen Dingen immer auf dem Beweisbaren, Meßbaren und Rationellen. Sie ist eine wirkungsvolle Vorkämpferin der märkischen Nüchternheit auf deren Wege zum deutschen Kaiserthron gewesen; sie hat das Unkraut der Phrasen vernichtet, aber blind dann auch die holdesten Kulturblumen der Zeit dem märkischen Sande entzogen. Sie ist zum Volksschullehrer geworden und hat die Bevölkerung klug und dumm zugleich gemacht. Ihr Kind ist der Berliner Spott und Witz, der so scharf immer trifft, doch weit auch immer vom still versöhnenden Humor entfernt ist. Dieser Berliner Witz, der eine Waffe im Erhaltungskampf ist. Der Kolonialmensch witzelt über den höheren geistigen Wert, der ihm noch versagt ist, weil er sonst verzagen müßte; er sucht in dem ihm Unerreichbaren mit spürkräftigem Instinkt die schwache Stelle auf, weil er die eigene Relativität so am besten rechtfertigen kann; er denkt selbst die großen Dinge vom Standpunkt des Alltags, weil er in einem ewigen Alltag lebt, und er lacht, um nicht zu verzweifeln. Dieser Berliner Witz ist die andere Seite des Bildungshungers, ist das automatisch funktionierende Ventil seiner zur Höhe strebenden Willensenergie. Er ist eine Waffe, aber auch ein Mittel der Selbsterkenntnis; denn er ist nicht denkbar ohne Elemente der Selbstironie. Selbstironie aber ist immer ein Zeichen, daß man die eigene Relativität und Unvollkommenheit vollauf begreift, daß man sie aber nur indirekt zugeben mag. Nestroy und Angely, Kalisch, Rellstab und Glasbrenner: das sind einige der Vertreter dieses in der Mitte des neunzehnten Jahrhunderts noch ziemlich harmlos provinzmäßigen Witzes. Sie alle sind Kritiker, vor allem Gesellschaftskritiker; aber sie sind es in den Niederungen des Lebens, im Gebiet des Profanen, weil auch der Kritik und dem Witz höhere Schöpfungskraft notwendig fehlen muß, wenn diese der Gesamtkultur fehlt.

Erzieherisch im höheren Sinne hat diese Kritik nie gewirkt. Denn sonst hätte sie verhindert, daß der Berliner trotz seiner so offen zur Schau getragenen Skepsis früher als jeder andere Deutsche zum Bildungsphilister geworden ist. Sie konnte dem Bildungshunger konsistente Nahrung nicht geben; sie konnte vor allem nicht die fehlenden Traditionen schaffen und es vergessen machen, daß die Kolonialstadt von je auf ein Wahlwissen angewiesen gewesen ist. Darum ist Berlin so recht eine Hauptstadt der Halbbildung geworden. Und aus der allgemeinen Halbbildung ergab sich dann einerseits wie von selbst der unbescheidene, ehrfurchtslose Ton des Besserwissens und andererseits die unnatürliche Schätzung der äußeren Kenntnisse und der fremden Art. Die Bezeichnung »ungebildeter Mensch« galt in Berlin, wie Treitschke richtig anmerkt, nicht zufällig von je als ein schweres Schimpfwort. Wenn man darum überhaupt von einer geistigen Kultur im Berlin des neunzehnten Jahrhunderts sprechen darf, so kann nur von einer sekundären und einseitigen Verstandesbildung die Rede sein, nicht aber von einer allgemeinen Gefühlsbildung. Der Berliner hatte die Teile, aber er vermochte selbst zur Zeit, wo die Stadtkultur ihre Höhe erreichte, nicht ein geistiges Band darum zu schlingen.

# Die Gesellschaft

Eine deutlicher gegliederte Gesellschaft wird in Berlin erst mit den Fortschritten des Konsolidationsprozesses der Bevölkerung sichtbar. Erst nach dem Tode Friedrichs des Großen beginnt der Adel eine Rolle in der Stadtgesellschaft zu spielen; erst nachdem der despotische Mann, der alles nur gut getan glaubte, wenn er es selbst getan hatte, dahin war und die Staatsgeschäfte der Hilfe des Adels bedurften, zog es diesen von seinen Landgütern fort in die nun reicher und schöner werdende Stadt. Er ist, als Vertreter eines unbedingt loyalen Konservativismus, in den folgenden Jahrzehnten, wo das Bürgertum sich mit der Krone über die Machtabgrenzungen des politischen und wirtschaftlichen Staatslebens auseinandersetzte, zum Anwalt der streng beharrenden Kräfte, ja, der Reaktion geworden. Und das hat ihm die seltsame Rolle angewiesen, die er in der Gesellschaftsentwicklung der Stadt spielt. Es ist vor allem bezeichnend, daß dieser vorwiegend ostelbische Adel auch nach seinem Einzug in die Stadt dem Berliner Wesen noch fremd geblieben ist, ja, daß er Berlin gegenüber stets eine gewisse Feindseligkeit zur Schau getragen hat. Ein feiner Instinkt hat ihm immer gesagt, daß die Kolonialstadt ihm nicht eine natürliche Heimat sein und werden könne. Das Schicksal des märkisch preußischen Adels ist in frühen Jahrhunderten auf dem Lande entschieden worden, unabhängig von der Entwicklung der Städte, ja, sogar im Gegensatz dazu. Stände werden aber ebenso wie Individuen von den frühesten Lebensbedingungen am entschiedensten determiniert. Es gab bis zur Regierungszeit Friedrichs des Großen niemals einen erbangesessenen Stadtadel in Berlin; dann aber war es zu spät, ihn zu bilden. Als die Hohenzollern Berlin vergrößerten und ganze neue Stadtteile gleich anlegten und bevölkerten, da dachten sie niemals bei dieser Kolonisierungsarbeit an den Adel als an einen Helfer. Und niemals bot dieser seine Hilfe auch an. Er fühlte sich vielmehr als allein heimatberechtigt in der Ostmark und blickte mit halber Verachtung auf die künstlich großgezogene Stadt mit ihrem fremdartigen Volksgemisch. In der ganzen Geschichte Berlins ist eigentlich kein Zeichen zu finden, daß der Adel aus freien Stücken für Berlin gesorgt hätte; vielmehr ist die schwellende Stadt von ihm immer mit Mißtrauen und Widerwillen betrachtet worden. Darum hat sich der Adel exklusiv gehalten, als die Verhältnisse der neuen Zeit ihn endlich zwangen, die Stadt wenigstens zeitweise als Wohnsitz zu wählen. Das war aber keine Exklusivität, wie sie aus Reichtum, Macht und höherer Kultur von selbst entsteht, sondern eine tendenzvoll gewollte Exklusivität. Es lag im ganz materiell begriffenen Interesse dieses Land- und Militäradels, der sich mit dem Herrscherhaus solidarisch, sich ihm aber auch beinahe gleichberechtigt fühlte, sich vom Bürgertum prinzipiell zu separieren. Er konnte nicht in naiver Selbstverständlichkeit herrschen kraft des Reichtums, weil er arm war, und nicht kraft einer höheren Kultur, weil er ungebildet, verbauert oder militarisiert war; darum mußte er sich an das Standesprinzip, an die Standesgesinnung allein halten. Als er in die Hauptstadt kam, da war in seinen Junkergesinnungen noch ein Nachklang des alten Raubrittertums und viel vom harten Materialismus des im menschenarmen Lande schwer pionierenden Landwirts. Wenn er an den Interessen der Allgemeinheit schon teilgenommen hatte, so war es als Soldat gewesen. Im Kriegshandwerk lebte seine rauflustige Eroberernatur sich am freiesten aus; und sie hatte es um so mehr getan, als das junge Preußen ein ewig Krieg führender Erobererstaat war, dessen Lebensprinzip darin geradezu bestand, sich stetig zu vergrößern. Die Verwaltung hatten von je die Fürsten mit Hilfe eines Beamtenheeres besorgt. Bei solcher agrarischen und militärischen Tätigkeit im armen Lande sammelt man aber weder geistige noch materielle Schätze. Beschränkt also in den Mitteln, ohne tieferes Interesse für Kunst und Wissenschaft, ohne leidenschaftliche religiöse Idealität, ein wenig erzogen nur von französischen Gesellschaftsformen, erfüllt von einem starken Familienbewußtsein und überzeugt, nicht nur im Besitz des besten – das war er wirklich –, sondern des einzig wahren Patriotismus zu sein: so ist der Adel nach Berlin gekommen. Die harten Ecken und Kanten seines Wesens sind im neunzehnten Jahrhundert, im Staatsdienst einer immer mehr demokratisch denkenden Zeit, im diplomatischen und administrativen Dienst, dann freilich stark abgeschliffen worden; dennoch ist das alte Wesen in charakteristischen Zügen geblieben. Der Adel hat auch im neunzehnten Jahrhundert exklusiv, spröde und junkerhaft in der Stadt für sich dahin gelebt. Er hat an Bildung, an weltmännischer Haltung zugenommen, ist aber immer doch eigentlich ziemlich beschränkt geblieben. Selbst zur Zeit, als das städtische Leben in Berlin sich voll entfaltet hatte, herrschte in seinen Kreisen Sinn für wahre Kunst, feine Geistesbildung und edle Aufgeklärtheit nur ausnahmsweise. Freiherr von Stein wird noch heute von den Bürgern mehr verehrt als von seinen Standesgenossen, Bismarcks Talent nirgend so engherzig begriffen als vom Adel. Auch fehlen diesem heute noch sowohl die Mittel als die ästhetische Schulung, um so repräsentieren zu können, wie es der Stadtkultur nützlich wäre. Die Tugenden dieses Adels, auf den Friedrich Wilhelm der Dritte und Wilhelm der Erste sich stützten, sind im wesentlichen moralischer Art. Es ist ein Adel der Pflichttreue und der Loyalität. Etwas sehr Männliches ist in ihm, aber er ist schwunglos; zuverlässig ist er, doch nicht schöpferisch bewegend. Darum bedeutet er viel für die Krone, und für die Regierung, aber nicht für das Gesellschaftsleben der Stadt. Er ist dem Künstler nicht Auftraggeber und Mäcen geworden, dem Gelehrten nicht Freund und Förderer, dem Bürger nicht ein reicher Kunde, dem gesellschaftlichen Leben nicht eine organisierende Kraft. Im Militärstaat Preußen, in der Garnisonstadt Berlin dominierte der Adelige vor allem als Offizier; um so mehr da er als solcher seine Vorzüge entfalten konnte: seine bescheidene Anspruchslosigkeit, Ehrgefühl und große Tapferkeit. Doch brachten diese Tugenden, obwohl sie mit denen der Bevölkerung so wohl übereinstimmten, Adelige und Bürger einander nicht näher. Es fehlten Beiden die eigentlich liebenswürdigen Eigenschaften; es fehlte dem Adel auch das Führerbewußtsein, trotz seines Standesgefühls. Seine Tugenden waren im wesentlichen passiver Art, sie gingen mehr aufs Gehorchen als aufs Befehlen. Bestenfalls gingen sie aufs Kommandieren. Darum ist dieser Adel von der kapitalistisch erstarkenden Bevölkerung so leicht dann in den Hintergrund gedrängt worden. Was aber nur ein Grund mehr für ihn wurde, sich unlebendig abzuschließen.

Sein Beispiel ist insofern charakteristisch für das Gesellschaftsleben Berlins, als dieses in allen Teilen vom Kastengeist beherrscht worden ist. Das will sagen: die Gesellschaftsgliederung war nicht organisch, sondern künstlich, der ganzen Stadtentwicklung entsprechend. Die Gesellschaftskreise haben immer nebeneinander bestanden, sie sind nicht auseinander hervorgegangen. Es gab eine in sich geschlossene Beamtenkaste, die, ohne Berührungspunkte fast mit dem Burgertum, im engen Gesichtskreis des bureaukratischen Pflichtgefühls dahinlebte. Ein Beamtentum, wie es harte Regenten sich geschaffen hatten, gewöhnt an strenge Disziplin und Entbehrung bewunderungswürdig in seiner subalternen Moral, fast automatisch treu und gewissenhaft, aber im Gefühl des eigenen Wertes auch selbstgerecht und hochmütig wie Solche, die am eigenen Bewußtsein Genüge finden müssen. Dieser subalterne Dünkel, der sich auf sehr wesentliche Tugenden stützen konnte, hat sich der gesellschaftlichen Kultur durchaus feindlich erwiesen. Die Furcht, sich etwas zu vergeben, hat eine ängstliche Rangordnung geschaffen; und ein weitverzweigtes Titelwesen ist die natürliche Folge gewesen. Da die armen Fürsten ihre Beamten nicht wohlhabend machen konnten, so bezahlten sie sie mit sozialem Ansehen; und da sie ihre Beamten mit Vorliebe aus dem Soldatenstande nahmen, so kam mit der Zeit in diesem ganzen Stande eine Gesinnung zur Herrschaft, die nicht nur unempfindlich machte für bürgerliche Gesellschaftkultur, sondern die den Versuch dazu mit falschem Selbstgefühl sogar ablehnte.

Den schaffenden Bürger nahm weder der Adelige noch der Beamte für einen Gleichberechtigten. Es konnte sich dieser Bürger dann aber soziales Ansehen auch nicht erzwingen, weil er in Berlin zu keiner Zeit große Macht zu entwickeln vermocht hat. Wie er die alte Kolonialstadt nicht zu einer einheitlich schönen Bürgerstadt zu machen gewußt hat, so hat er sich selbst auch nicht gesellschaftlich organisieren können. Die Bürgerschaft hat sich von vornherein immer gespalten in Landsmannschaften und in Interessenkreise; aber sie hat sich nie Gelegenheiten geschaffen, Familientraditionen zu bilden und weiterzugeben. Berlin war nie eine ausgesprochene Handelsstadt, keine Industriestadt und keine Universitätsstadt; es war, vor allem im siebzehnten und achtzehnten Jahrhundert, von Allem immer etwas, eine Filiale gewissermaßen aller Interessen des Mutterlandes. Daher findet man im alten Berlin nicht ein Patriziat von Handelsherren, die ihren Beruf und damit eine Berufsidee auf Söhne und Enkel vererben; es gibt nicht einen alten angesehenen Geistesadel, keine Gelehrtendynastien und auch nicht große Kapitalisten mit beherrschendem Einfluß. Es fehlte die Stetigkeit in allen Bürgerbeschäftigungen. Darum hatte das Bürgertum selbst am Anfange des neunzehnten Jahrhunderts noch kein bestimmtes Profil. Dann erst machen sich in der Folge ein paar typische Züge bemerkbar. Man sieht ein biedermeierlich beengtes Bürgertum entstehen, in dem ein zugleich liberaler und loyaler Geist herrscht, dessen Familienleben nüchtern und unliebenswürdig ist. Dieses Bürgertum war nicht gemacht, große Männer hervorzubringen; aber es brachte gute Soldaten hervor, zähe Arbeiter und furchtlose Unternehmer. Sein größter Fehler war, daß es nicht zu herrschen verstand und daß sein Existenzwille sich nicht zum Kulturwillen auszuweiten vermochte. Ob es sich loyal gab oder ein wenig Revolution machte, gedrängt von den Umständen der Zeit, ob es hurrahte, demokratisch schimpfte oder auch beides zugleich tat: zur Selbstaristokratisierung konnte es nicht gelangen. Es wollte immer beherrscht sein, und immer nur vom Erfolg; es wollte regiert sein, um liberal tun zu können. Denn der wahrhaft Regierende ist niemals liberal, weil er absolut ist.

Auch im Berlin des neunzehnten Jahrhunderts, wie es vor seiner Erhebung zur Reichshauptstadt war, fehlt es freilich nicht ganz an jenen Namen berühmter Bürgerfamilien, die jedes Stadtkind fast kennt und die mit einer Art von städtischem Familiensinn immer genannt werden. Nur fällt es auf, daß diese Familiennamen in Berlin fast nur jüdische Familien bezeichnen. In der Tat ist das bürgerliche Patriziat, soweit davon in Berlin überhaupt die Rede sein kann, im wesentlichen aus dem Judentum hervorgegangen. Überall in Deutschland sind die Juden ja nach der Emanzipation im Anfange des Jahrhunderts schnell zu bürgerlichem Ansehen gelangt; nirgend aber sind sie so zu Vertretern einer bürgerlichen Familienkultur geworden wie in Berlin. Die Ursachen liegen vor Aller

Augen. In einem Gemeinwesen wird immer die Bevölkerungsgruppe eine dominierende Stellung einnehmen, in der die stärkste familienbildende Energie ist. Gemeinhin ist das der Adel. In Berlin hat der nun aber niemals eigentlich zur Stadtbevölkerung gehört. Seine familienbildende Kraft kam vor allem dem Lande zugute und der Krone. Das Beamtentum war zu jung, als daß es schon Familientraditionen hätte bilden können; und das nichtjüdische Bürgertum war eben erst aus dem Chaos heraufgestiegen. Die vom öffentlichen Leben so lange ausgeschlossenen Juden waren hingegen im Ghetto jahrhundertelang auf ihre Familie allein angewiesen gewesen, mit jedem besseren Gefühl; sie allein hatten darum wirkliche bürgerliche Familientradition hinter sich, als sie, um 1800 etwa, offen ins Licht der Stadtgeschichte traten, erzogen von einer ihnen allgemeinen Familienform und darum bis zu gewissen Graden aristokratisch. Es kam hinzu, daß sie wohlhabender waren als ihre christlichen Mitbürger. So erklärt sich denn die seltsame Erscheinung, daß die Salons reicher jüdischer Familien plötzlich zu Sammelpunkten des geistigen Lebens wurden. Es brauchen nur Namen genannt zu werden wie die der Rahel Varnhagen, der Henriette Herz, der Mendelssohn-Bartholdys oder der Beers (Meyerbeers). Heine, Börne und Lassalle fanden in Berlin die stärkste Resonanz; und Liebermanns Vorfahren waren Berliner Patrizier. In jüdischen Familien solcher Art herrschte allein fast im vormärzlichen Berlin ein wahrhaft großbürgerlicher Gesellschaftston. Goethe und Schiller fanden hier ihre geistreichste und eifrigste Gemeinde, das Talent wurde seiner selbst wegen gefördert und weltbürgerliche Gesinnung wurde in der politisch gespannten Atmosphäre der Preußenstadt nur hier verstanden und gepflegt. Zu einer nachhaltigen Befruchtung konnte diese Gesellschaftskultur freilich nicht führen, weil das Judentum selbst nach der Emanzipation noch zu sehr für sich stand, innerlich zu sehr abgeschlossen von den Quellen des allgemeinen Volkstums. Die jüdische Familie konnte die geistigen Werte der neuen Zeit für sich pflegen und sogar weitergeben, aber sie konnte sich nicht die ganze Stadtbevölkerung zur Nachfolge zwingen. Denn mit ihrer vorgeschritteneren Familienkultur war die jüdische Familie in Berlin doch nur Das etwa, was die Réfugiés hundert Jahre früher gewesen waren.

# Lebensformen

Selbst zur Zeit der höchsten städtischen Entwicklung gab es also nicht eigentlich eine klar organisierende Gesellschaftsidee in Berlin. Es ist das Berlin der Schinkel, Rauch, Schadow, E. Th. Hoffmann, Kleist, Rahel und Henriette Herz, von dem Frau von Staël mit Recht schrieb: »Berlin, diese ganz moderne Stadt, macht, so schön sie ist, keinen wirklich bedeutenden Eindruck: man spürt hier weder das Gepräge der Geschichte des Landes noch des Charakters der Einwohner, und diese prächtigen, neu errichteten Gebäude scheinen nur für bequeme Vereinigungen zum Vergnügen und zur Arbeit bestimmt.« Aber eben diese Physiognomielosigkeit war der eigentliche Charakter der nun zur Residenzstadt gewordenen Kolonialstadt. Eine neue Stadt, die wie frisch geputzt und angestrichen erschien, mit geräumigen, aber noch leeren Straßen und hier und da monumental wirkend durch die Konsequenz der Uniformität. Neben den repräsentativen Einfamilienhäusern und den hellen Villen vor den Toren, neben den Regierungsgebäuden und Prinzenpalais sah man straßauf, straßab in schnurgeraden Zeilen die bürgerlichen Mietshäuser, im Stil entweder noch des alten ziegelgedeckten Stadthauses aus der Zeit des abklingenden achtzehnten Jahrhunderts oder stolz schinkelnde, vielstöckige Häuser mit Loggien und säulengetragenen Balkons, in denen sich bereits der Typus des modernen Etagenwohnhauses ankündigte. Im Innern dieser Häuser fand man entweder eine kalte architektonische Formenpracht, griechisches Gesimswerk, riesige Fenster, gewaltige Flügeltüren, hohe Zimmer und einen ganz akademisch langweiligen Grundriß, als wäre das Alles nur einem Begriff zuliebe gemacht; oder es wurde gleich kleinbürgerlich und provinzmäßig hinter den puritanisch steifen Fassaden, in den beamtenhaft ordentlichen Zimmern mit hellen Mullgardinen, mit gestrichenen Wänden, worauf Borten von Grecqueornamenten schabloniert waren, mit Tischen und fein geschweiften Stühlen aus gelbem Birkenholz, mit glatten, würdigen Mahagoniservanten und fein profilierten Zierkommoden, mit klein gemusterten Möbelstoffen, Silhouettenbildern und Porträts von Familienangehörigen in Vatermördern und Matronenhauben an den Wänden, weißen Häkeleien auf den Sofalehnen, Biskuitfigürchen, Leuchtern und empfindsamen Nippessachen auf Tischen und Kommoden, und mit wohlfeilen Teppichen auf den gestrichenen Dielen. Riesensekretärs gab es da, mit vielen heimlichen Schubladen und Behältnissen, mit schweren massiven Holzsäulen und blanken Bronzebeschlägen in Palmettenform, Zierschränke, nur aus Glas und dünnen Leisten, angefüllt mit geblümtem Porzellan und geschliffenen und farbigen Gläsern, Roßhaarsofas mit weit geschweiften Lehnen, bequeme Korbsessel am Fenster, und davor, auf Mutters Platz, das gestickte Fußkissen. Auf den sehr, sehr kleinen Bücherregalen gab es Oktavbände mit fein gepreßten Lederrücken, grünen Schnitten und mit Einbänden von marmorartigen Kammpapieren. Es stand da, kaum gelesen, etwa eine Goetheausgabe, Fouqués Romantikerpoesie, ein paar der phantastischen Romane Hoffmanns, Übersetzungen Walter Scotts, Taschenkalender, Almanache und Humoristisches von Glasbrenner. Es wurde nicht viel gelesen und am wenigsten das literarisch Wertvolle. Man ließ Schiller gelten und beugte sich vor der Autorität Goethes; aber von intimen Beziehungen zu diesen Dichtern war außerhalb kleiner Esoterikerkreise nichts zu spüren. Im Theater war das bürgerliche Genre am beliebtesten. Und das repräsentative. Nach dem Herzen der Berliner waren als Schauspieler am meisten Iffland und als Dramatiker Kotzebue; die Mode regierte aber der Hohenstaufendramatiker Raupach. Ebenso stand der Bürgerpartei, die sich ganz der Weberschen Freischützmusik hingab, eine andere gegenüber, die für Spontinis Ausstattungsopern eintrat. Alle Welt lief ins Opernhaus, um den *Cortez* und die *Olympia* zu hören und mehr noch zu sehen; denn kein Geringerer als Schinkel hatte die Dekorationen gemalt, und es kamen lebendige Elefanten auf die Bühne; am nächsten Tag aber sang und pfiff man wieder überall in der Stadt die Freischützmelodien, den Jungfernkranz und das Jägerlied. Zu den höheren Gesellschaftsinteressen gehörte in erster Linie das Ballett; aber am allerliebsten ging der Berliner dann doch in die kleinen Vorstadttheater am Alexanderplatz oder später zu Wallner, um sich restlos den Lokalreizen der Posse mit Gesang und Tanz hinzugeben. Und den echten Berliner Witzen, in denen man sich selbst erkannte. Auf diesen Witz tat man sich immer noch am meisten zugute. Es war der Kolonistengrundsatz: sich nicht verblüffen lassen, der die Form des Witzes, der Schnodderigkeit und einer in ironischen Wendungen sich bewegenden Bonhomie angenommen hatte. Und das nicht nur in den unteren Schichten der Bevölkerung. Ein Künstler wie Schadow gefiel sich sehr in drastischen Berlinismen, und Franz Krüger genoß seiner Jargonderbheiten wegen einen gewissen Ruf sogar am Hofe Friedrich Wilhelms des Vierten. Schon damals war in Berlin einerseits eine allgemeine Angst vor dem Pathos und gerade darum dann andererseits, wenn zur Repräsentation doch Pathos gebraucht wurde, die Unfähigkeit, Echtes vom Phrasenhaften zu unterscheiden.

Da es an einem eigentlichen intimen oder allgemeinen gesellschaftlichen Leben fehlte, so kam die Gewohnheit auf, daß die Bevölkerung sich jedesmal einen Festtag machte, wenn bei

Hofe etwas vorging oder wenn es auf der Straße Aufzüge zu sehen gab. Mehr als irgend anderswo hat sich durch diese allgemeine Teilnahme der ganzen Stadtbevölkerung an den Paraden, Krönungen, Geburtstagen, Subskriptionsbällen und Hofempfängen ein vertrauliches Verhältnis von Fürsten und Stadtbewohnern gebildet. Dieses kam darin zum Ausdruck, daß der Berliner bis über 1870 hinaus die Festtage seines Fürstenhauses zu seinen eigenen gemacht hat, daß er von je vertraulich von »unserm Prinzen Ferdinand«, »unserer Luise« oder vom »alten Wilhelm« sprach. Die Anlässe zu gemeinsamer Festempfindung waren aber auch die einzigen. Eigentliche Volksfeste kannte der Berliner niemals. Der trockene Werktagsgeist, der Mangel an sinnlicher Naivität hat es gemacht, daß Berlin von je eine unfestliche Stadt gewesen ist. Nirgend ist die heidnische Heiterkeit des katholischen Wesens weniger verstanden worden als in der Hauptstadt protestantischer Begrifflichkeit. Darum gab es keine Kirchenfeste und nichts von alle Dem, was in Süddeutschland damit zusammenhängt. Der Bürger war anspruchslos in Allem, was ihn festlich mit seinesgleichen zusammenführt; anspruchslos bis zur Kulturlosigkeit. Er spazierte sonntags zu den »Zelten« hinaus oder nach Charlottenburg, denn der Grunewald lag damals noch fern und war schwer zu erreichen; er randalierte ein wenig in provinzmäßig roher Jahrmarktsmanier beim Stralauer Fischzug und versuchte sich in der Biedermeierzeit mit wenig Glück dann und wann einmal in Rosenfesten, Erntefesten, Illuminationen oder Feuerwerken. Aber es gab nicht einen eigentlichen Karneval, keinen Christmarkt und keine Sängerfeste großen Stils; und auch die Pferderennen, die in einer Garnisonstadt am ehesten noch zu Volksfesten werden können, blieben in Berlin immer ein Vergnügen exklusiver Kreise.

Die Lebensweise war entschieden provinzmäßig; aber provinzmäßig ohne Intimität. Der Kleidung fehlte die Eleganz ebenso wie die Schönheit der Volkstracht; und dem Benehmen fehlte es an anmutiger Leichtigkeit. Der Begriff des Gentleman und der Dame waren fast unbekannt. Der korrekte Offizier, den die Uniform zur Strammheit zwingt, galt den Männern allgemein als Vorbild der Vornehmheit. Und den Frauen wurden die Offiziersdamen empfohlen, die bei den kärglichen Mitteln ihres Haushalts die freie Eleganz durch erzwungene Einfachheit und Zurückhaltung ersetzen mußten. In den höheren Gesellschaftskreisen wurde Zugeknöpftheit mit Würde und Vornehmheit verwechselt; in den Kleinbürgerkreisen aber ließ man sich dann um so mehr gehen, als eine natürliche Lust an der Darstellung dem Berliner ganz fernliegt. Wir sehen die Männer dieser Zeit mit Schirmmützen und hohem Hut, im Schnipel und Gehrock auf der Straße und zu Hause am liebsten in Hemdsärmeln; wir sehen die Mädchen in Schürze und Haube, in Kleidern von karrierten Stoffen mit vielen Volants, mit hoch gedrehten Frisuren und großen Schutenhüten, den Pompadour am Arm, über die Straße gehen, im Hause aber ohne eigentliches Hauskleid und unsorgfältig frisiert in der Wirtschaft laut umherfahren. Während die »Linden« in einer gewissen kalten Paradepracht dalagen, arbeitete vor den Fenstern der Bürger der Holzhauer sehr provinzmäßig in Hemdsärmeln, pfiff der Schusterjunge im Rinnstein entlang, unter dessen Holzbelag sich die Ratten tummelten, zogen Ausrufer von Sand, Hasenfellen oder Bücklingen durch die breiten, aber holprigen Straßen und saßen die Obstfrauen unter großen Schirmen an den belebten Straßenecken.

Auch im Essen und Trinken war alles noch Provinz. Weltstadtlokale, einen berühmten Ratskeller, zum Beispiel, hatte Berlin in der ersten Hälfte des neunzehnten Jahrhunderts nicht. Sammelpunkte der eleganten Welt waren ein paar Konditoreien unter den »Linden« und in der Nähe des Schlosses, wie Jagow, Josty oder Fuchs. Sie waren ein Import der

Graubündner und Franzosen und legten Zeugnis noch ab von den Feinbäckerkünsten dieser Südländer. Die Weinstuben aber hatten durchaus kleinbürgerlichen Charakter. Vielleicht mit einer Nuance französischer Behaglichkeit. Sie waren übrigens gering an Zahl; denn die eigentlichen typischen Berliner Lokale, das waren die »Restaurationen« und Weißbierstuben, wo auf schwarzen Tafeln die Gerichte des Tages angezeigt wurden. Die Geschmacksrichtung der Bevölkerung deutet das Weißbier sehr gut an, und besser noch Gerichte wie das beliebte Donnerstagsessen, Pökelfleisch mit Erbsen und Sauerkohl, das Fischergericht, gekochter Aal mit Gurkensalat, oder die beliebten Knoblauchwürstchen. Von einer Eß- und Trinkkultur, wie gewisse Teile Süddeutschlands, Norddeutschlands oder Frankreichs sie ihr Eigen nennen, war in Berlin nie etwas zu spüren. Die Berliner Küche ließ vielmehr immer an die arme, reizlose, provinzmäßig kärgliche Ernährungsweise des Königreichs Sachsen oder Thüringens denken. Einige wenige Eßgewohnheiten waren durch die französische Kolonie übertragen worden. Es wären vielleicht mehr gewesen, wenn der Markt reicher an gutem Fleisch und wohlschmeckendem Gemüse gewesen wäre. Aber im Lande der Mark verlieren Früchte und Gewächse das beste immer ihres Geschmacks. Wässerige saure Gurken, Teltower Rüben und fade schmekkender Kohl sind die Erzeugnisse dieses Bodens. Charakteristischer aber noch für die kolonistenmäßige Anspruchslosigkeit der Berliner sind die Brotsorten, womit die Stadtbevölkerung sich jahrhundertelang begnügt hat. Das war weder Weißbrot noch Schwarzbrot, sondern ein säuerlich geschmackloses Gemenge, ausgiebig zwar, aber eine Nahrung, die das Essen zu etwas wie zu einem notwendigen Übel macht.

# Stadtkultur

Von welcher Seite man also die Stadt aus der ersten Hälfte des neunzehnten Jahrhunderts auch betrachtet: etwas Liebenswürdiges oder Starkes spricht nicht daraus. Dennoch war Berlin zu dieser Zeit als Stadtgebilde einheitlicher als jemals vorher; es war endlich, nach jahrhundertelangem Kampf mit sich selbst, zu einer Stadt geworden mit einer sichtbaren, wenn auch durchaus sekundär gewonnenen Lebenskonvention. Aus der Kolonialsiedelung war eine preußische Hauptstadt, halb Fürsten- und Garnison- und halb Bürgerstadt geworden. Eine östliche Neustadt, die sich über ihr schnelles Wachsen, über ihre zunehmende politisch wirtschaftliche Macht und über ihre pseudogriechische Kultur selbst vielleicht am meisten verwunderte. Die Bevölkerung empfand die Jahrzehnte vor 1866, den kurzen Zustand der Saturiertheit und einer gewissen residenzlich provinzlichen Großstadtkultur vielleicht gar als einen unfreiwilligen Aufenthalt. Denn alles Saturierte war und ist dem Wesen des Berliners fremd. Darum fühlte er sich in dieser Zeit einer relativen Stadtkultur seiner eigentlichen Bestimmung entzogen. So kommt es, daß man die Künstlichkeit dieser Stadtkultur doppelt immer fühlt, daß man nicht recht ein Herz in diesem Organismus Berlin schlagen hört. Man wird gezwungen wahrzunehmen, wie alles Einzelne Resultat der Ordnung, der Disziplin, der Tendenz ist, nicht der schöpferischen Kraft. Aber darüber hinweg ist doch endlich nun überhaupt ein Resultat da, woran man sich halten kann. Der Wanderer durch die Geschichte Berlins gelangt endlich dazu, nach all dem Unerquicklichen aufzuatmen und auszuruhen. Ganz leise schleicht sich von fern ein verlorenes Heimatsgefühl herbei.

Aber ehe es im Herzen noch seinen Platz zu suchen vermag, ehe man sich zum liebevollen Verweilen nur einrichten kann, stürzt über das zur Großstadt werdende Berlin dann eine neue Entwicklung herein, das eben mühsam Vollendete wieder in Frage stellend, und das eben zur Einheit sich Sammelnde wieder chaotisch durcheinanderwirbelnd.

# GROSSSTADT-
# SCHICKSALE I

## Die Großstadt

Die Entwicklungsenergien, die nach 1848 schon, entscheidend aber erst nach 1870, als die Preußenhauptstadt zur Reichshauptstadt geworden war, das Wesen der Stadt von neuem bestimmt haben, sind als etwas spezifisch Berlinisches nicht anzusprechen. Sie sind vielmehr überall in Deutschland, ja, in Europa, zur gleichen Zeit ungefähr und mit gleicher Tendenz aufgetreten; sie haben in der zweiten Hälfte des neunzehnten Jahrhunderts aus den meisten kleinen Landstädten Industriestädte und aus den größeren Handelsstädten Zentren des Weltverkehrs gemacht. Eine riesige Welle neuen wirtschaftlichen Lebens, der sich keine Gemeinde zu entziehen vermag, hat sich über den ganzen Kontinent ergossen. Die Industrie hat Besitz ergriffen von der alten und neuen Welt; die Folgen der sozialen Revolutionen haben zu einer allgemeinen Demokratisierung des Lebens geführt und zugleich zur erneuten politischen Sammlung der einzelnen Völker und Volksteile; der Welthandel, der Weltverkehr haben ihre Herrschaft angetreten. Und die Stadt hat durch alles Das eine neue Bedeutung gewonnen. War vorher die Stadt des Landes wegen da, war sie anfangs und bis ins achtzehnte Jahrhundert noch ihrem innersten Wesen nach eine Zufluchtstätte für die das Land bebauende Bevölkerung, ein Marktplatz für das umgebende Land, ein Verwaltungsmittelpunkt, die Residenz eines Fürsten oder ein Sitz der Kirche, so ist sie sich in der neueren Zeit Selbstzweck geworden. Unsere Zeit hat das Verhältnis geradezu umgekehrt, so daß das Land und seine Bevölkerung nur noch der Stadt und vor allem der Großstadt wegen da zu sein scheinen. Aus dem Agrarstaat entwickeln sich die europäischen Länder, entwickelt sich vor allem Deutschland zum Industriestaat; die auf Handel, Güteraustausch, Weltverkehr und schnelle Konsumtion angewiesene Industrietätigkeit muß aber in derselben Weise zur Stadt gravitieren, wie die Landwirtschaft früher das freie Ackerfeld zum eigentlichen Interessengebiet des Landes gemacht hat. Die Metamorphose im Wesen der Stadt, die so vor sich geht, die vom Urzustand, von der natürlichen patriarchalischen Kultur zur künstlichen Industriekultur hinüberleitet und die neben einer ungeheuren Arbeitsentfaltung auch unendlich viel Problematisches und Häßliches im Gefolge hat, ist darum ein allgemeines Schicksal der modernen Stadt überhaupt. Ihm hat sich auch Berlin natürlich nicht entziehen können.

Was nun aber für Berlin außerordentlich bezeichnend ist und einen tiefen Blick in die Psyche dieses Stadtindividuums zu tun gestattet, das ist die Tatsache, daß die junge Reichshauptstadt sich mit wahrer Gier und mit Leidenschaft zum Anwalt der neuen Lebensidee gemacht hat, zur Vorkämpferin der neuen Industriekultur, daß es sich zuerst in Deutschland und am rücksichtslosesten in ganz Europa amerikanisiert hat. Dieses letzte Wort ist von der Zeit gebildet worden, weil man Beispielen, daß der moderne wirtschaftliche Großstadtgedanke allein und unumschränkt herrscht, vor allem in Amerika, im Lande neuer Stadtgründungen begegnet. Es wird damit eben Das bezeichnet, was das moderne Berlin charakterisiert. Diese Entwicklungskonsequenz überrascht in der jungen Reichshauptstadt freilich nicht, wenn man auf ihre Geschichte blickt. Berlin konnte und mußte sich amerikanisieren, weil es an der Entfaltung des wirtschaftlichen Materialismus durch tief wurzelnde Traditionen nicht verhindert wurde, weil es auf dem östlichen märkischen Boden seit Jahrhunderten eine Pionierstadt war, ähnlich den Städten der neuen Welt. Der internationale, allen Partikularismen feindliche Handels- und Industriegeist konnte in Deutschland nirgend so tiefe Wurzeln schlagen wie in Berlin, weil er dort kaum anders gerichtete, wesentliche historische Überlieferungen zu überwinden fand. Er brauchte Berlin nur von neuem und in einem neuen Sinne zu Dem zu machen, was es von alters her gewesen und was es im tieferen Sinne stets geblieben ist: zur Kolonialstadt.

In einem neuen Sinne auch ist Berlin dann, als die zwischen deutschem Ost und West gelegene Stadt, in der neuen Zeit zur Vertreterin der mächtig sich entfaltenden wirtschaftlichen Interessen des im Laufe der Jahrhunderte kolonisierten Ostens geworden. Eines Ostens, der jetzt bis Rußland hinein reicht, und der sich seiner Kraft bewußt geworden ist; eines Ostens, in dem eine Industrie entstanden ist, die ein Interessenzentrum braucht, und der fähig und willens ist, an die Hauptstadt Menschen abzugeben. Wie eine Leidenschaft ist nach 1870 über die alten Kolonisten Ost- und Westpreußens, Posens und Schlesiens die Sehnsucht zur Großstadt gekommen; überall in den kulturarmen Ackerbaugegenden des Ostens hat die neue Zeit diese Sehnsucht zu neuen Arbeits- und Bereicherungsmöglichkeiten, zu den neuen Genüssen der Großstadt verbreitet. Mit fast elementarer Heftigkeit hat sich in einer Zeit, wo Alles für Alle da ist, wo das Geld zum wichtigsten Wertmesser geworden ist und wo viele hemmende Schranken gefallen sind, bei dem jahrhundertelang im öden Flachland bei harter Pionierarbeit zurückgehaltenen Kolonistengeschlecht der Hunger nach Zivilisationsgütern geäußert. Daß von ihnen gerade Berlin gewählt wurde, war unabweisbar. Es lag auf ihrem Wege nach Westen. Die in mächtigem Strom aus dem Osten nun zurückflutenden Massen wählten natürlich die Stadt, die ihres Geistes voll war und in deren Entwickelung ihnen am meisten Zukunft zu liegen schien. Eben war Berlin Reichshauptstadt geworden, nicht kraft seiner überragenden deutschen Stadtkultur, nicht wegen seiner historischen Bedeutung oder geographischen Lage, sondern vielmehr trotz alledem. Die Zeit war gekommen, wo die Kolonie stärker geworden war als das Mutterland, wo der Sohn das Erbe angetreten hatte, nicht ohne daß es zu gewaltsamen Erbschaftsauseinandersetzungen mit dem Mutterlande gekommen war, wo das arme, karge Preußen die Führung über die uralten Kulturbezirke des deutschen Südens und Westens übernommen hatte. Was sich bisher für die Stadtkultur Berlins als verhängnisvoll erwiesen hatte: die Traditionslosigkeit, der koloniale Realismus, diese Eigenschaften waren für Deutschland nun zu rettenden politischen Kräften geworden. Die ungeschlachte, aber noch unverbrauchte Jugend des preußischen Koloniallandes übernahm in Deutschland die Führung mit dem Rechte der Kraft und der Gewalt. Und sie eben fand ihren natürlichen Sammelpunkt in Berlin. Ein Kulturgewissen hatten diese endlosen, mit hungrigem Emporkömmlingswillen, festen Nerven und derbem Lebensappetit herbeidrängenden Scharen der östlichen Menschen nicht. Es war barbarisches Kolonistenvolk, das die neue Zeit lärmend begrüßte, als es aus dem Dunkel seines vegetativen Lebens nun zum Licht des geschichtlichen Bewußtseins emporzusteigen begann. Die neue Stadtbevölkerung, die die statistischen Ziffern ruckhaft in die Höhe schnellen machte, war jung, rücksichtslos und unternehmend; sie war den Erscheinungen des modernen Amerikanismus gegenüber nicht nur weniger sentimental als die Volksteile im alten Süden und Westen des Reiches, sondern sie sehnten diese Erscheinungen geradezu herbei. Und die altangesessene Einwohnerschaft Berlins bedurfte andererseits nur dieses Anstoßes von außen, um sich ihrer kaum entschlummerten Emporkömmlingsinstinkte zu erinnern. Die Kultur der letzten

Jahrzehnte wurde in einem Augenblick vergessen; sie fiel ab wie ein aus der Mode gekommenes Kleid, und die ganze neue Stadtbevölkerung fraternisierte miteinander, zugunsten der nie geschauten Wunder moderner, demokratischer Großstadtzivilisation. Die Stadt vergrößerte sich in phantastisch schneller Weise, und da dieses nicht auf Grund langsam von innen nach außen organisierender Bedürfnisse geschah, wuchs auch die Formlosigkeit ins Phantastische. Was ein paar Jahrhunderte mit unendlicher Anstrengung vollbracht hatten: die Konsolidierung der heterogenen Volkselemente, das lösten wenige Jahre nun wieder auf. Dem Willen zum Amerikanismus hielt die sekundäre Stadtkultur in keinem Punkte stand. Die alte Fürstenstadt verschwand in einer modernen Bürgerstadt, und diese in der Großstadt. Berlin wurde wieder zu einer Kolonialstadt. Während es sich zum Exponenten der neuen politischen, wirtschaftlichen und nationalen Lebensideen machte, wurde es vollständig auch ein Opfer dieser Ideen; während es über das sich amerikanisierende Deutschland immer energischer die Herrschaft gewann und dem alten Mutterland sogar Kolonialgesinnung oktroyierte, wurde es zu einem so chaotischen Übergangsprodukt, daß es bald als abschreckendes Beispiel genannt werden konnte. Während die moderne Entwicklung Berlins einerseits als Beweis für die mächtige Arbeitskraft und Unternehmungslust der neuen Zeit dasteht, dient sie andererseits als der Beweis einer Kulturlosigkeit, die hier und da bis zu Zügen einer barbarischen Monumentalität gesteigert erscheint.

## Die Bevölkerung

Es sind, seit Berlin sich zur Weltstadt zu entwickeln begonnen hat, kaum vier bis fünf Jahrzehnte verflossen, und schon sieht man sich vergebens nach dem »echten Berliner« um, nach dem Typus jener Stadtbevölkerung, wie sie sich in den ersten Jahrzehnten des neunzehnten Jahrhunderts darstellte. Der Kern von etwa 500 000 Berlinern, der Einwohnerzahl von 1860, ist längst zerrieben und aufgelöst von den neu einwandernden Millionen. Fragt man in einer größeren Gesellschaft nach dem Geburtsort der Anwesenden, so werden Einem die Namen aller preußischen Provinzen, aller deutschen Bundesstaaten öfter genannt als der Name der Stadt selbst. Im ungeheuer vergrößerten Maßstabe ist es wieder, wie es im Mittelalter war, als die neue Spreesiedelung von fremden Kolonisten bevölkert wurde. Nur begannen, wie gesagt, nach 1870 die Scharen der Großstadtansiedler vor allem aus dem nun kolonisierten Osten zurückzufluten. Aber auch von überall aus dem Reiche drangen neue Bewohner herzu, so daß ein wahrhaft babylonisches Volksgewirr entstand. Wie irr und toll floß der Menschenstrom ununterbrochen auf das neue Reichszentrum zu. Und wieder war es Kolonistenvolk, was nun von allen Seiten herbeiströmte. Pioniere des Amerikanismus, des Großstadtgedankens. Wieder waren es nicht die Saturierten und Kultivierten, die sich so leidenschaftlich zur Großstadtarbeit, zum Großstadtmaterialismus drängten, sondern es waren auch jetzt im wesentlichen die Besitzlosen, die Kühnen, Rücksichtslosen und Willensstarken; es waren die Unternehmernaturen, erfüllt von allen Instinkten des Egoismus. Wie hätte diesem hungrigen Emporkömmlingsgeschlecht gegenüber das alte, selbst nur künstlich gewordene Berlinertum standhalten können! Im Augenblick war das Chaos da. Nur glich die von neuem hereinbrechende Unkultur nun nicht mehr dem Zustand, der entsteht, wenn Eroberer in ein wildes Land kommen, wo alles neu aus dem Nichts geschaffen werden muß, sondern einem Zustand, wie er gegeben ist, wenn Barbarenhorden ein höher kultiviertes Land überschwemmen und die Kulturformen, die sie vorfinden, parvenühaft mißbrauchen. Während es tatsächlich eine Auflösung, eine Vernichtung ist, was nach 1870 rapide eintrat, erschien es zuerst, erscheint es heute Vielen noch als eine Entwicklung zu höheren Zuständen. Denn die neue Bevölkerung fühlt sich stark und selbstbewußt schon um ihrer Kopfzahl willen. Höher als das Stadtgefühl stellt sie das Millionengefühl, höher als städtische Kultur den reichshauptstädtischen Illusionismus. Sie hat die amerikanistische Tendenz, alle aristokratisch gegliederte Form aufzulösen. Sie erkennt kein spezifisch städtisches, ja, kaum ein kulturelles nationales Interesse an, denn jede Willensregung wird ihr zum wirtschaftlichen Interesse. Die Not der Selbsterhaltung treibt die Millionen gewaltsam in eine Kolonialmenschenexistenz.

Die Statistiken von Berlin sprechen in diesen Jahrzehnten eine sehr deutliche Sprache. Sie zeigen einwandfrei, zum Beispiel, daß es vor allem die Volkselemente des Ostens sind, mit deren Hilfe Berlin seine Einwohnerzahl so rapide vermehrt hat. Im Jahre 1890, also zwanzig Jahre erst nach der Reichsgründung, waren aus Brandenburg, Pommern, Posen, Ost- und Westpreußen und aus Schlesien ungefähr 720 000 Menschen eingewandert, wogegen zur gleichen Zeit nur 120 000 aus dem Westen und Süden Deutschlands stammten. Und bis 1905, bis zu einem Zeitpunkt also, wo jene vor fünfzehn Jahren Eingewanderten schon Kinder gezeugt hatten, die fortan als geborene Berliner gezählt werden, betrug der Zuzug aus den östlichen Gebieten an 900 000 Seelen, denen nur 250 000 aus dem ganzen übrigen Deutschland entgegenstehen, worunter aber sogar noch 26 000 Bewohner des Königreichs Sachsen sind, also Menschen aus einem ebenfalls östlichen Grenzlande. Das heißt: die ursprüngliche Berliner Mischbevölkerung, die sich aus Niedersachsen, Pfälzern, Slawen, Franzosen und vielen anderen Elementen gebildet hatte, wurde aufs neue mit einer noch nicht konsolidierten Mischbevölkerung in Verbindung gebracht. Denn als solche muß die aus Pommern, Posen, Preußen und Schlesien stammende Einwohnerschar durchaus betrachtet werden. Auch diese östlichen Menschen waren und sind nichts Anderes als die Nachkommen von Kolonisten, die im Laufe der Jahrhunderte aus allen Teilen Deutschlands zur Ansiedlung herbeigezogen worden sind. Nur hat sich diese Landbevölkerung niemals selbst bis zu dem Grade nur nationalisieren können, wie es den Berlinern innerhalb ihres sich langsam abrundenden Stadtgebildes möglich war. Aus verschiedenen Provinzen sind diese Menschen gekommen, jede Gruppe mit anderen Talenten, mit anderen Lebensgewohnheiten, mit besonderem Dialekt und partikularistischem Eigenwillen. Alle diese neuen Großstadtansiedler brachten eine besondere Art zu wollen, zu reden, zu denken, zu essen, zu wohnen und zu genießen mit. Vor allem aber: diese östlichen Volksteile waren sehr stark von noch ungebrochenen slawischen Elementen durchsetzt. Das Wort, daß die Geschichte Berlins die Geschichte des ganzen Ostens ist, trifft auch insofern zu, als die Reichshauptstadt in den letzten Jahrzehnten geradezu zu einem Sammelpunkt slawischer Elemente geworden ist. Zuerst sind die alten wendischen Volksteile der östlichen Provinzen, wie auch die Slawen, die durch die Teilung Polens preußische Staatsbürger geworden sind, im Laufe von arbeitsreichen Jahrhunderten von den deutschen Herren erzogen und kultiviert worden. Zur Zeit der Reichsgründung waren sie ungefähr so weit, daß sie die bedenklichen Segnungen moderner Zivilisation begriffen, ohne doch irgendwie im höheren Sinne schon kulturfähig zu sein. Denn das waren ja noch nicht einmal ihre germanischen Herren und Lehrer. Aber durch die Lehre waren die slawischen Volksteile sozial erstarkt und zu einem Punkte ihrer Entwicklung geführt worden, wo eine schnelle Volksvermehrung andeutet, daß Wille zur Zukunft vorhanden ist. Auch die polnisch-wendische Bevölkerung Preußens begann neue wirtschaftliche Möglichkeiten zu wittern. Der Amerikanismus, der sie aus dem Elend ihrer Heimat früher in die neue Welt gelockt hatte, zog sie nun nach Berlin. Das vor vielen Jahrhunderten aus seinen alten märkischen Wohnsitzen vertriebene und nach Osten gedrängte Slawentum begann nun, erstarkt und wirtschaftlich erzogen, von Jahr zu Jahr stärker nach Westen zurückzufluten, und auch es wählte Berlin natürlich in seiner Weise zur Hauptstadt. So kommt es, daß in den letzten Jahrzehnten sehr viel Slaventum nicht nur als ein mit dem Germanentum gemischtes Element, sondern auch rein und ungebrochen in die Berliner Großstadtbevölkerung gedrungen ist. Um 1905 gab es etwa 32000 Berliner, die nur Slawisch, und 42000 Einwohner, die Slawisch und Deutsch zugleich sprachen. Nach einer Statistik von 1890 war die ganze Berliner Bevölkerung zu 35 Prozent etwa germanischer, zu 36 Prozent romanischer und zu 24 Prozent slawischer Abstammung. Die Einwohner jüdischer Abstammung kommen noch hinzu. Bedenkt man nun, wie sehr auch die in dieser Aufstellung als germanisch und romanisch Bezeichneten schon Mischprodukte sind und wie das Slawentum in sich wieder nach der Seite der wendischen oder polnischen Art hin variiert ist, wie das zugewanderte Judentum östlich und südöstlich verschieden gefärbt ist und wie das Alles auf eine alte Stadtbevölkerung traf, die sich ganz derselben Wirrnis eben erst zu entringen begonnen hatte, so wird man sich einen Begriff von dem ungeheuren Mischmasch machen können, das seit 1870 in Berlin herrscht und notwendig dort herrschen muß. In Sidney und Chicago kann es so bunt nicht hergegangen sein.

Und diese ganze Menge bestand nun aus Menschen, die zwar lebhaften Zivilisationshunger hatten, die aber durchaus kulturunfähig waren. Welch einem Menschenschlag diese nun in die Großstadt strömenden Ansiedler angehörten, darüber gibt ein anschaulicher Brief aus dem Jahre 1838, den Th. Fontane in seinen *Wanderungen durch die Mark* veröffentlicht, lehrreichen Aufschluß. Er handelt von der Art und Lebensweise der von Friedrich dem Großen im Oderbruch angesiedelten und im Besitz des fetten Marschbodens zu schnellem Wohlstand gelangten, aus Pfälzern, Schwaben, Polen, Böhmen, Westfalen, Mecklenburgern usw. zusammengesetzten Ansiedler. Der Briefschreiber sagt unter anderm:

»Die Verhältnisse, die ich hier vorgefunden, sind die durch alle Jahrhunderte hin immer wiederkehrenden einer Viertel- und Halbkultur, Zustände, wie sie zu jeder Zeit und an jedem Ort sich einstellen, wo in noch völlig rohe und barbarische Gemeinschaften, ohne Zutun, ohne Mitwirkung, ohne rechte Teilnahme daran, ein Stück Kultur von außen her hereingetragen wird. Das Wesen dieser Art von Existenzen ist die Disharmonie, der Mißklang, der Widerstreit. Durch gewisse Bildungsmanieren bricht immer wieder die alte Roheit durch, und im Einklang hiermit begegnet man auch in diesen reichen Oderbruchdörfern einem beständigen Gegensatz von Sparsamkeit und Verschwendung, von Kirchlichkeit und Aberglauben, von Ehrbarkeit und Sittenverderbnis. [...] Krasser Luxus und das völlig mangelnde Verständnis für das, was wohltut und gefällt, laufen nebeneinander her. In dem Wohnzimmer steht ein großes Sofa mit blauseidenem Überzug, aber der Überzug ist zerrissen und eingefettet. Der Kupferstich an der Wand hängt völlig schief und kein Auge sieht es. Das Glas des andern Bildes ist mitten durchgesprungen und niemand denkt daran, es zu ersetzen. [...] Nun geht es zu Tisch. Alles reichlich, aber auch nichts mehr. Die Magd mit klappernden Holzpantinen setzt die Speisen auf, das Stück Fleisch liegt unschön zerhackt auf der Schüssel; die Teller sind verschieden an Stoff und Form, die Messer und Gabeln sind abgewaschen, aber nicht blank geputzt; von Tischgebet keine Rede. So nimmt man Platz, und schweigend, unschön, ohne Dank beginnt und endet die Mahlzeit. [...] Einzelnen, für schweres Geld erstandenen Glanz- und Prachtstücken wird die Pflicht des Repräsentierens auferlegt; die Personen aber entschlagen sich desselben. Denn es ist unbequem. Das Ganze, um es noch einmal zu sagen, ein bunter Widerstreit von herrschaftlicher Prätension und bäuerlicher Gewohnheit. [...] Hier sind alle Traditionen durchbrochen, und jeder versucht es, gleichsam auf eigene Hand, seiner Eitelkeit, und meist nur dieser, ein Genüge zu tun.

Auch Gutem und Tüchtigem bin ich in diesen Dörfern vielfach begegnet; aber zumeist doch jener Tüchtigkeit nur, die aus einem starken Egoismus und dem Instinkt des Vorteils hervorgeht. Die Wurzeln aller Kräfte, die hier tätig sind, sind Selbstsucht und Selbstbewußtsein. Die Zeit soll noch erst kommen, wo die hohen Kräfte des Lebens hier lebendig werden.«

Fontane setzt diesem Urteil, das für »die damaligen Sittenzustände eher zu mild als zu streng« sei, hinzu, der Zwischenraum hätte bis zu einem gewissen Punkt die Wünsche erfüllt, womit der Brief schließt. Aber wer erkennt in der Schilderung dieser Bruchbevölkerung von 1840 nicht auf den ersten Blick die Väter und Mütter der Großstadtberliner! Wer erkennt nicht in diesen Bauernsiedlern die Vorfahren des reichshauptstädtischen Unternehmertypus! Und doch sind hier noch Ansiedler aus einer reichen, ja, üppigen Marschgegend der Mark dargestellt. Bei den anderen, im tiefen Sand lebenden östlichen Kolonisten, die zu Bewohnern der Großstadt geworden sind, kommt noch die graue Armseligkeit mit all ihren Folgen auf das Empfindungsleben, auf den Charakter hinzu.

Die neuen Ansiedler waren im wesentlichen Proletarier, die den brennenden Ehrgeiz hatten, Bourgeois zu werden. Die eigentliche Tugend dieser Menge war der Fleiß. Sie scheute vor keiner Arbeit zurück, vor keiner Mühe. Es kam wirklich unverbrauchte wollende Kraft in die Stadt. Aus dieser Kraft aber ergibt sich auch gleich das Laster der neuen Stadtbevölkerung: der rohe Materialismus, der das Edle um seiner selbst willen nicht kennt. Die Folge ist, daß die neuen Elemente am nützlichsten und am meisten sympathisch sind, solange sie auf einer Stufe stehen, wo sie die Tugenden des Fleißes voll entfalten, die des Materialismus aber bedingt nur betätigen können. Man findet die erfreulichsten Eigenschaften in Berlin darum unter den Handwerkern und Arbeitern. Es gibt in der Reichshauptstadt natürlich, wie in jeder Großstadt, viel Gesindel, ja, es drängt sich dieses Gesindel in der Parvenüstadt sogar besonders deutlich und oft mit bestialischer Roheit in den Vordergrund; aber im allgemeinen ist der von der Landwirtschaft zur Industrie gelangte Arbeiter, ist der Handwerksgehilfe eine charaktervolle Erscheinung in Berlin. In den Fabriken und Werkstätten und auf den Bauplätzen der Hauptstadt ist nicht nur Ordnungssinn, Fleiß und Wille nach oben zu Hause, sondern auch eine sehr lebendige, sachlich gerichtete Intelligenz und Zuverlässigkeit. Die guten Eigenschaften des Kolonistengeschlechts zeigen sich nirgend deutlicher, als auf dem Werkplatz. Das ist im wesentlichen die Ursache des außerordentlichen materiellen Aufschwungs der Berliner Industrie, der Bauhandwerke und der Gewerbe geworden. Seltsam ist es nur, daß sich diesen Arbeitstugenden, die eine Bevölkerung nicht nur stark, sondern auch kulturfähig zu machen imstande wären, gleich schlimme, zerstörende Laster gesellen, wenn der Arbeiter, kraft seines Fleißes, seiner Tüchtigkeit und Unternehmungslust in die Bezirke der Bourgeoisie hinaufzusteigen beginnt. Und das zu tun ist seine ganze Leidenschaft. All seine Arbeitstriebe scheinen nur da zu sein, um ein bescheidenes Bourgeoisziel zu erreichen; dem radikalsten Sozialdemokraten schwebt dieses Ziel vor. Alle Wünsche der unteren Klassen streben immer zur Lebensform der Mittelklasse. Und eben diese berlinische Mittelklasse gehört doch zum Übelsten, was die neue Zeit hervorgebracht hat. Sie ist in allen ihren Instinkten kulturfeindlich; sie ist es um so wirksamer, als sie Berlin beherrscht. Die unteren Klassen beherrscht sie dadurch schon, daß diesen ihre Lebensform zum Ziel wird; aber auch auf die oberen Klassen hat sie entschiedenen Einfluß gewonnen, weil es in Berlin niemals ein altes Patriziat und einen regierenden Bürgeradel gegeben hat, sondern nur eine kleine, exklusive Hofgesellschaft und eine bureaukratisch isolierte Beamtengesellschaft. Selbst diese Teile aber werden immer mehr dem materiellen Bourgeoisgeiste unterworfen. Der Mittelstandsgeist ist der eigentlich regierende neuberlinische Stadtgeist. Er ist ganz unideal in seinem Empfinden und darum parvenühaft. Der Wohlstand fällt dem Mittelstand nicht über Nacht in den Schoß; er muß ihn vielmehr schwer erarbeiten. Aber einmal zum bürgerlichen Behagen gelangt, kommen gleich auch die ganze Ungeistigkeit, die unfeine Genußsucht und der plumpe Materialismus des Kolonialmenschen zum Durchbruch. Der eingewanderte Provinzler, der noch nicht einmal die äußeren Provinzmanieren abgelegt hat, sieht sich plötzlich in der Lage, Genüsse kaufen zu können, die früher nur den großen Herren erreichbar waren. Er kann ein palaisartiges Haus beziehen, wenn auch nur als Mieter, kann Dienstboten halten, wo er selbst noch Dienstbotenmanieren und Dienstbotengedanken hat, kann essen und trinken wie ein Aristokrat und sich kleiden wie ein Gentleman. Oder wenn es dazu nicht reicht, so kann er doch zeitweise tun, als gehöre er dazu. Das Surrogat gilt ihm soviel wie das Echte, weil er das Eine vom Andern gar nicht zu unterscheiden weiß. Darum wird es zum Lebensbedürfnis dieser ganzen Mittelklasse, den Schein der Wohlhabenheit zu verbreiten. Früher, in den alten Kulturstädten des Reichs, galt es als anständig, wohlhabend zu sein, es aber nicht aufdringlich zu scheinen; innerhalb der Berliner Mittelklasse ist es gerade umgekehrt. Daraus ergibt sich dann die Unbildung, trotz eines behenden großstädtischen Intellektualismus, trotz all des Fleißes und Zukunftswillens.

Weil diese Mischung von Tüchtigkeit und Kulturlosigkeit, von klugem Materialismus und Empfindungsroheit den Mittelstand nun zwar zu Erfolgen verhilft und ihm steigenden Wohlstand garantiert, ihn aber auch zum Regieren und Organisieren unfähig macht, so ist er bis heute, trotz seiner mittelbaren Macht, unter dem Kommando der Bureaukraten geblieben und auch vom jüdischen Geist in entscheidenden Punkten unterworfen worden. Es hat sich gezeigt, daß die alten Standeskonventionen eines absterbenden, weltfremden Adels immer noch regierungsfähiger sind als die lebendigsten Pionierinstinkte des Bürgertums und daß die Juden inmitten der ungeheuren Wirrnis dieser Jahrzehnte kulturfähiger sind als die bourgeoisen germanisch – romanisch – slawischen Mischelemente. Die Juden erweisen sich als ebenso fleißige und unbedenkliche Materialisten; aber sie sind in diesem historischen Augenblick stärker, kraft ihrer Rassenreinheit. Wo der Berliner Mittelstand die Gegenwart voraussichtslos benutzt, da arbeiten die Juden mit Zukunftsinstinkten. Freilich hat sich auch innerhalb des Berliner Judentums derselbe Prozeß vollzogen wie in der ganzen Stadtbevölkerung. Auch die patrizierhaft gewordene Judenfamilie ist mehr und mehr den Einflüssen des beutegierig aus den östlichen Provinzen herzudrängenden Judentums erlegen. Und damit hat dann in mittelbarer Weise die Berliner Mittelstandsgesinnung ebensolchen Einfluß auf die jüdische Familie gewonnen, wie sie auf den Adel und das Beamtentum heimlich korrumpierend einwirkt. Man kann von dieser Mittelklasse vielleicht als von einer typischen Kolonialbourgeoisie sprechen. Das ist eine Bourgeoisie ohne alle Traditionen und darum auf Moden und Kulturphrasen angewiesen. Und dieser Bourgeoisie nun verdankt Berlin letzten Endes seinen ungeheuren materiellen Aufschwung sowohl, wie auch die entsetzliche Verhäßlichung der Stadt. Dieser Mittelstand hat sich ohne Einschränkung zum Anwalt des Kapitalismus gemacht, zum Anwalt aller kapitalistischen Tugenden und Laster. Er betet den Amerikanismus an, weil er sich selbst darin wiederfindet, und gibt sich der Gottheit der Quantität uneingeschränkt hin.

Was diese durch die Zahl und durch die Macht ihrer Mittelmäßigkeit herrschende Bourgeoisie an Kulturwerten schafft, das ist günstigstenfalls aus zweiter, im allgemeinen aber aus dritter und vierter Hand. Dabei ist der Bildungshunger dieser Großstadtmenge unersättlich. Sie peitscht die Furcht, man könne ihr die Unsicherheit anmerken; darum bemächtigt sie sich Dessen, was nur langsam von innen begriffen werden kann, mit aller Hast von außen. Sie raubt und stiehlt, was sie an fertigen Kulturformen vorfindet, im Glauben, sie hätte auch geistig, was sie materiell besitzt. Bei dieser Jagd steigert sich das Tempo bis zum Fieberhaften; es verbreitet die Eile des Genießens und Fahrenlassens, der stete Wechsel im Erraffen und Erjagen eine Nervosität und Unlust, die zum festtäglichen Glanze der Weltstadt nicht stimmen will. Es fehlt dem Parvenütum der Berliner selbst an Genußfähigkeit und Behagen; und das nimmt den Großstadtbewohnern den Rest von Liebenswürdigkeit. Einer überschreit immer den Andern; Jeder hält für gut und richtig nur was er sagt. Unter hundert Berlinern gibt es nicht zwei, die zuzuhören verstehen. Es fehlt ganz die feine Scham, die für fremde Ohren nichts für bedeutend genug hält. Jeder halbe Gedanke, jede ungeprüfte Empfindung poltert unverbindlich ins Gespräch hinein. In einem Dialekt gesprochen, der nicht mehr entfernt an die niederdeutsche Mundart erinnert, die vor Jahrhunderten in Berlin gesprochen wurde, ja, die noch heute gleich vor den Toren, in Potsdam und Spandau gesprochen wird, sondern der nichts ist als ein von der Unbildung verdorbenes, nicht gekonntes und unlebendig zusammengequetschtes Hochdeutsch.

Wie die Frauen sind, das läßt Fontane in seinem *Stechlin* einen Ausländer liebenswürdig genug noch aussprechen, als man ihn fragt, wie er die Berliner Damen findet. »Die Damen. Oh, die Damen serr gutt. Aber nicht spezifisch. Speziffisch in Berlin bloß die Madamm. […] Madamm nirgendwo; Madamm bloß in Berlin. […] Dame denkt an Galan, Dame denkt an Putz; oder vielleicht auch an Divorçons. Aber Madamm denkt bloß an Rieke draußen und mitunter auch an Paul. Und wenn sie zu Paul spricht, der ihr Jüngster ist, so sagt sie: ›Jott, dein Vater.‹« Diese scherzhafte Formulierung trifft in einem Punkte wenigstens ganz das Rechte. Für die Dame, die immer ein Produkt aristokratischer Lebensformen ist, die nur da sein kann, wo Gesellschaftskultur, wo Tradition herrscht, ist Berlin in der Tat kein Boden. Das Signum der Dame ist, nie und in keiner Lage verlegen zu werden; die moderne bourgeoise Berlinerin kommt aber aus der Verlegenheit kaum heraus, wenn sie mit gesellschaftlich Höheren zusammentrifft. Oder es nimmt diese Verlegenheit die Form der Unverschämtheit und Schnoddrigkeit an. Versucht die »Madamm« doch zur Dame zu werden, so verwechselt sie das Damenhafte fortgesetzt mit dem Kokottenhaften. Der Gebrauch von Schminke, Puder, teuren Hüten und englisch-französischen Kostümen scheint ihr dann das vornehmste Merkmal der Großstadtkultur. Im übrigen ist die Berlinerin brav und fleißig. Sie ist dafür, daß alles im Hause seine Ordnung hat, aber sie ist doch nicht eigentlich sauber und adrett. Sie regiert gerne Mann, Kinder und Dienstmädchen; doch versteht sie das Hausregiment selbst nicht viel anders, wie ein Dienstmädchen. Sie sorgt treulich und mit Nachdruck für die Ihren; aber im Grunde ihres Wesens ist sie kalt und von einer fast herzlos praktischen Gesinnung. Nicht herzlich, aber sentimental; profan, sachlich und doch affektiert; anspruchsvoll, aber furchtbar ungebildet. Laut ist sie und selbstbewußt, ist in provinzmäßiger Weise stolz auf ihr Großstadtdasein und entsetzlich materialistisch. Als junges Mädchen ist die typische Mittelklassen-Berlinerin niedlich genug. Sie hat einen reinen und hellen Teint und eine nicht ungraziöse Gestalt. Doch fehlt ihrem Wesen die natürliche Grazie, weil keine natürliche Herzlichkeit darin ist. Vielmehr ist selbst in den Töchtern schon eine unhemmbare Lust, alles Reine ins Schmutzige, alles Große ins Kleine, alles Leidenschaftliche ins Niedere ironisch herabzudenken und Gefühlsworte mit scharfen Spottworten zu erwidern. Über ihr ganzes Wesen ist spöttische Oberflächlichkeit gebreitet, und es fehlt der äußeren Gestalt sowohl wie dem inneren Wesen ganz an Stolz und Würde. Über die »Nettigkeit« gelangt sie nie hinaus. Im Blick dieser jungen Mädchen ist Berechnung, – »Taxe«, wie ein junger Wiener einmal sehr richtig sagte. Daneben findet sich dann eine gewisse slawische Hingebung und eine Gefallsucht, die erst anlockt und dann spröde tut. Auch die Liebe nimmt die Berlinerin vor allem praktisch, wie sie ihr ganzes Leben durchaus rationell lebt. Sie könnte auch kaum anders bestehen vor dem Geschlecht von Männern, dem sie sich gegenübersieht. Von edlen Rassezügen ist bei diesem Männertypus nicht entfernt die Rede. An die einheitlichen Wiener, Londoner oder Pariser Männertypen darf man nicht einmal denken. Germanisches, Romanisches, Keltisches, Slawisches und Jüdisches ist so durcheinander gemischt, das Rheinländische, Niederdeutsche, Schlesische, Sächsische, Ostpreußische, Märkische und Polnische geht so charakterlos ineinander auf, daß das Resultat jeder Analyse spottet. Ein Bastardgeschlecht, das sich zur Legitimität emporringen möchte. Über alle Männerantlitze ist gleichmäßig die Maske des Materialismus gebreitet. Man sieht es mit erschreckender Deutlichkeit, daß hinter diesen Stirnen keine höhere Idee, kein von der Geschichte gleichmäßig erzogener Wille wohnt, daß alle schönen Gefühle im Winterschlaf der Zeit liegen, daß diese Mienen zerfurcht sind im Erhaltungskampf, abstoßend geworden unter dem Einfluß der Lebensangst und Lebensgier, geschwollen und verknittert unter den Antrieben eines heftigen Sklavenwillens. Es fehlt den Stirnen das Merkmal freier Gedanken, den Profilen die edle Linie herrschender Kraft, den Augen die klare Sicherheit des durchaus guten Gewissens, den Mündern der wohlgestalte Schwung, den das geistbelebte Lächeln gibt. Alles ist gekrümmt, nach unten gezogen und gerunzelt; jede Miene droht, lauert, mißtraut, giert oder schmatzt. Unter der bureaukratischen oder soldatischen Korrektheit des Blickens schaut die Starrheit der Ideenlosigkeit hervor, und selbst aus der Bonhomie noch klingt der Militarismus hervor. Mehr als neun Zehntel dieser ganzen Großstadtbevölkerung machen den Eindruck hoffnungsloser Subalternität. Man findet weder rechte Zutraulichkeit noch vornehme Reserve. Nicht eine Ader vom geborenen Gentleman hat der moderne Berliner. Es ist Einem zuweilen, als bestände die ganze männliche Einwohnerschaft nur aus Bauunternehmern und deren Gehilfen. Die Meisten blicken, als müßten sie sich in jedem

Moment gegen etwas wehren; und Alle lassen sich gehen wie Menschen, die auf gute Haltung etwas zu geben noch nicht gelernt haben.

Von früh bis spät rennt ein überarbeitetes Kolonistenvolk durch die Gassen, das von Würde nichts weiß.

# Wilhelm II.

Wie die Bevölkerung in den ersten Jahrhunderten des Stadtdaseins determinierend auf ihr Fürstengeschlecht gewirkt hat, so hat sich auch jetzt wieder der Träger der Krone dem Milieu des neuen Berlin nicht entziehen können. Die Atmosphäre, worin die dem Reichs- und Großstadtillusionismus verfallene Menge lebt, ist auch ins Kaiserschloß gedrungen. Waren die Hohenzollern, wie die Einwohner ihrer Hauptstadt, einstmals Pioniere und Kolonisatoren, so stimmt Wilhelms des Zweiten Regierungsart mit dem Geiste des neuen Berlin insofern überein, als auch sie das Produkt eines noch unklaren Machtgefühls und eines materialistisch denkenden Illusionismus ist. Wilhelm der Erste war noch ein Fürst altberlinischen Stils. Er repräsentiert mit seinem Wesen das Berlinertum der vormärzlichen Zeit, oder doch der Zeit vor der Einigung des Reiches. In seinem Wesen war, trotz der milden Grandseigneurzüge, die ihn so liebenswürdig machen, das Herbe, das Trockene und Prosaische sowohl wie das sachlich Tüchtige des alten Berliners. Er war gut bürgerlich und mehr Landedelmann eigentlich als Kaiser. Seine vornehm stille Gestalt ragt in die neue Zeit hinein wie das Denkmal einer schon vergangenen Epoche; er war nichts weniger als ein Kaiser der Gründerzeit und des Industriezeitalters. Der Industriekaiser, der Großstädter auf dem Thron ist erst Wilhelm der Zweite geworden. Er hat sich der Weltstadtstimmung nicht mehr entziehen können; und hat es auch nicht wollen. Nur ist ihm von der Natur das Genie versagt worden, das über Übergangszeiten hinwegzublicken vermag. Und weil er nun tief drinnen in seiner Zeit steht, aber nicht darüber, so ist auch er bis zu gewissen Graden ein Opfer dieser wirren, traditionslosen Zeit geworden. Ist Wilhelm der Erste der Herrscher einer Zeit gewesen, in der die Heere zu ihren unerhörten Siegen tüchtig gemacht wurden und in der alles Wollen national erzogen worden ist, einer Zeit, die mit fast heroischer Logik die letzten Konsequenzen aus den Entwicklungen der märkischen Geschichte gezogen und alle Kräfte einer einzigen großen geschichtlichen Aufgabe dienstbar gemacht hat, so ist der Enkel dieses Fürsten ein Kaiser Derer geworden, die von dieser großen nationalen Arbeit den Nutzen haben. Ein Kaiser über die Nutznießer einer großen Zeit, des sich bereichernden Bürgertums, einer alles nivellierenden, millionenstarken, materialistischen Mittelklassenbevölkerung; ein Fürst der Quantitäten, ein Herrscher über ein Emporkömmlingsgeschlecht. Auch in sein Wesen ist dadurch etwas Unternehmerhaftes gekommen. In seiner Imperatorengebärde ist etwas Traditionsloses, seiner Repräsentationslust fehlt die Geschichte und darum der sichere Geschmack, sein Temperament ist das eines Großstadtoptimisten. Die Zeit, die unsichtbare Nähe des Willens der Großstadtbevölkerung hat Wilhelm den Zweiten zu seinen Auffassungen förmlich gezwungen. Sie wollte einen durch Äußerlichkeiten stark wirkenden Repräsentanten. Die neue Reichshauptstadt verlangte, in demselben Maße, wie sie sich am Materialismus der Zeit begeisterte, materialistisches Wollen auch von dem in ihren Mauern residierenden ersten Reichsfürsten. Und der Kaiser mußte dieser Zeitforderung um so mehr nachgeben, als er eine von den Stimmungen der Gegenwart abhängige Natur ist. Seine Gestalt gehört darum durchaus in ein Bild des neuen Berlin. Er hat denselben nervös rastlosen Tätigkeitstrieb wie der moderne Berliner, dieselbe Unternehmungslust, denselben Optimismus und Materialismus; ähnliche Genußinstinkte hat er und Repräsentationstriebe und in Geschmacksfragen dieselbe Unsicherheit. Auch er ist ganz ein Mensch der Quantitäten und Opfer perspektivelosen Selbstbewußtseins; und er ist darum allen Fehlern fast Derer verfallen, die sich selbst und damit die Welt nicht relativ zu nehmen wissen. Derselbe Trieb, der aus dem Bürgerhaus einen imitierten Palast gemacht hat, erweckte im Kaiser den Ehrgeiz, aus dem formlos häßlichen Berlin mit Mitteln des Scheins und eines toten Akademismus die »schönste Stadt der Welt« zu machen. Er ist einer gefährlichen Baulust verfallen, in einer Zeit, wo die Baukunst entartet ist wie nie zuvor; der Initiative dieses Kaisers verdankt das neue Berlin den Dom und das Kaiser-Friedrich-Museum, die Bibliothek und den schlimmen Plan eines neuen Opernhauses, das Kaiser-Wilhelm-Denkmal, die Denkmale der Siegesallee, des Brandenburger Tores, des Großen Sterns und vieles Andere noch, das vom kulturlosen Geiste der neuen Zeit auf lange hinaus Kunde geben wird.

Da die Hohenzollernschen Haustraditionen aber zu gleicher Zeit in der Natur Wilhelms des Zweiten nachwirken und da dieser Fürst sich darum als Soldat gibt, wo seine Instinkte doch mehr der großstädtischen Bourgeoisie gehören, so entstehen Wirkungen höchst seltsamer und unerfreulicher Art. Weil Wilhelm der Zweite nämlich an seinem Hofe das aristokratische Prinzip betont, sich mit dem Adel umgibt und in einem vorwiegend militärischen Milieu lebt, während er doch zugleich wie ein Großstadtbürger empfindet, trägt er, kraft seines Prestiges, die unfruchtbare Zeitstimmung in Kreise auch hinein, die bisher am meisten davon verschont geblieben sind. Wir sehen Fürst und Volk gleichmäßig an dem Demokratisierungs- und Materialisierungsprozeß arbeiten, sehen alle Teile der Großstadtbevölkerung bis hinauf zum ersten Fürsten mehr oder weniger dem Amerikanismus unterliegen. Und

Alle, die so an der Quantität sich berauschen, ahnen nicht einmal, in welchen Niederungen der Kulturlosigkeit ihre lauten und fleißigen Taten vollbracht werden.

# Der Handelsplatz

Fleißig sind diese Taten wirklich. Mehr noch: sie sind im gewissen Sinne bewunderungswürdig; schöpferisch aber sind sie nicht. Sie multiplizieren die Arbeitskraft, so daß ungeheure Summen herauskommen; die Grundzahlen sind jedoch allemal entlehnt. Das neue Berlin ist darum wohl in wenigen Jahrzehnten zur Großstadt und Weltstadt, ist der wichtigste Markt- und Arbeitsplatz Deutschlands geworden, aber ein beherrschendes Kulturzentrum ist es immer noch nicht. Auch das neue Berlin ist noch auf das Mutterland angewiesen, wenn es sich um höhere geistige Werte handelt. Nicht zuletzt der schöpferischen Armut der Reichshauptstadt ist es zuzuschreiben, wenn sich der deutsche Partikularismus, der sich im politischen Leben vor 1870 als so verderblich erwiesen hat, in den Dingen deutscher Kultur bis heute erhalten hat. Der Deutsche hat diesen Umstand sogar zu segnen. Dann wäre das moderne Berlin, seitdem es amerikanistisch geworden ist, in Deutschland ebensosehr ein Zentrum, wie Paris es in Frankreich, London es in England sind, so sähe es um die deutsche Zukunft schlimm aus. Die deutschen Hauptstädte haben sich aber in der Kulturarbeit geteilt und haben es verstanden, sich den Großstadtansprüchen Berlins gegenüber zu behaupten. Eigentlich zu herrschen vermag Berlin nur als Markt und als reichsdeutsche Garnisonstadt; als eigentliche Vertreter der Kulturtraditionen und bildenden Kräfte müssen aber München und Dresden, Stuttgart, Karlsruhe, Weimar, Hamburg und Leipzig, oder sogar preußische Provinzstädte wie

Düsseldorf und Köln genannt werden. Die Tätigkeit Berlins besteht im wesentlichen darin, aus ganz Deutschland die fertigen Werte an sich zu ziehen, sie zu nutzen, sie weiterzugeben, sie zu popularisieren und sie marktfähig, sie sozusagen materiell zu machen. Diese Bedeutung als Marktplatz ist um so merkwürdiger, als Berlin auch jetzt noch nicht eigentlich eine Handelsstadt ist. Es ist der wichtigste Handels- und Verkehrsplatz für den Osten, was schon der sehr bedeutende Umsatz in den Handelsartikeln des Ostens, in Getreide, Spiritus, Wolle und Holz beweist; es ist in seinem Bank- und Geldwesen eines der wichtigsten Weltzentren geworden, und es produziert große Mengen von Industriewaren, nicht nur für Deutschland, sondern für den ganzen Weltmarkt; aber eine Handelsstadt wie Hamburg oder nur wie Köln ist Berlin trotzdem nicht. Es fehlt durchaus die eigentlich großkaufmännische Stimmung, die in rechten Handelsstädten bis tief in jede Familie dringt. Berlin ist als Markt und Arbeitsstadt so mächtig geworden, weil ihm mit der politischen Mission die wirtschaftliche Mission zugefallen ist, das deutsche Geschäftsleben von Grund auf zu modernisieren, zu amerikanisieren. Da der Industrialismus und Das, was Amerikanismus genannt wird, ein Weltschicksal ist, dem kein Land, keine Stadt sich entziehen kann, und da das neue Berlin sich zuerst, am leidenschaftlichsten und erfolgreichsten zum Anwalt dieses Zeitschicksals gemacht hat, so müssen alle im Reich erzeugten Werte tatsächlich oder doch wenigstens symbolisch durch die Kanäle des Berliner Modernismus gehen, um international marktfähig zu werden. So ist es gekommen, daß Alles entweder nach Berlin strebt, durch Berlin hindurchgeht, oder daß doch der neuberlinische Geist überall im Reiche gegenwärtig ist, weil viele der im Lande erzeugten Werte den Amerikanisierungsprozeß natürlich nur bildlich durchmachen. Berlin ist zum Reichsmarktplatz geworden, trotzdem es immer noch mehr Kolonialstadt als Handelsstadt ist und trotzdem die edelsten Arbeitswerte in seinen Fabriken, Werkstätten und Ateliers nicht erzeugt werden. Am lebendigsten hat es die Führung in den Arbeitsgebieten übernommen, die der Amerikanismus erst zur vollen Entfaltung gebracht hat. Das heißt also, in allen Tätigkeiten, die vor allem technisch intellektuell zu beherrschen sind. Bedeutend ist seine Metall- und Maschinenindustrie, Hervorragendes wird in der Elektrotechnik geleistet und quantitativ Wichtiges in der Holzbearbeitung, Bekleidungsindustrie, im Baugewerbe usw. Was durch Organisation, Arbeitsteilung, Ordnung, Fleiß, Intelligenz und Unternehmungslust erreicht werden kann, das wird in Berlin getan. Wie die Menschen, so hat es auch die Waren zu sich herangezogen. Von Jahr zu Jahr ist es reicher und damit mächtiger geworden; und diese Macht hat dann auch die geistigen Werte herbeigezwungen, als seien es materielle. Auch sie müssen nun durch Berlin, um dort ihres Partikularismus entkleidet, ja, um im gewissen Sinne entnationalisiert zu werden und so internationalen Kurswert zu erlangen. Daß diese geistigen Werte dabei fast immer an ihrer Seele Schaden nehmen, steht außer Frage. Sie verlieren an Intimität, Naivität und Keuschheit, sie werden aus Kulturwerten in Zivilisationswerte verwandelt. Und darum ist Berlin dann auch zum Reichsmarktplatz aller neudeutschen Unkultur geworden. Man findet auf diesem Marktplatz schlechterdings Alles, das Gute und Schlechte, das Geistige und Ungeistige, das Vorzügliche und Verderbliche, das Nächste und Fernste. Berlin ist nicht einmal schöpferisch genug, um eine neue Mode zu erfinden, denn auch dazu bedarf es der Tradition; aber an keinem Ort Deutschlands werden die nationalen und internationalen Moden dann aus zweiter Hand mehr kultiviert. In der Reichshauptstadt ist man so vollständig neutral im eigenen Willen, daß jede Anregung willkommen geheißen wird, die schlechte und auch die gute; kaum aber ist man im Besitz, so tut man immer auch, als gehörte der neue Wert Berlin eigentümlich zu und glaubt schließlich selbst, daß es so sei.

Der moderne Dichter lebt und schafft nicht in Berlin; denn er könnte dort nicht zur Ruhe, Sammlung und vor allem nicht in poetische Stimmung kommen. Er wohnt in München, im Riesengebirge, in Weimar oder sonstwo auf dem Lande in der Nähe einer wahrhaft deutschen Stadt. Aber er kommt alljährlich ein paarmal nach Berlin. In Geschäften. Er ist tief von der Notwendigkeit durchdrungen, sich den Berliner Literaturmarkt zu erobern. Denn er weiß: hat sein Name in Berlin erst Kurswert, so gelangt er auch ins Reich; weiß, daß die Hauptstadt, die Stadt der allgemeinen Volksschulbildung, auch für die Poesie der Hauptmarktplatz des Reiches ist. Die neue Kolonialbevölkerung ist ganz gierig nach Wissen; sie hat den Ehrgeiz, auch geistig an der Spitze der neudeutschen Zivilisation zu marschieren. Da es in dem furchtbaren Arbeitsgetriebe aber an Zeit und Fähigkeiten fehlt, eine gründliche literarische Bildung zu erwerben, so muß die Quantität wieder einmal die Qualität ersetzen. Nirgend ist man im Literarischen zugleich so bildungshungrig und so ungebildet wie in Berlin. Nirgend kennt man Goethe so schlecht und die Dichter der letzten Saison so gut. Alles gilt für den Tag, für die Mode; aber der Instinkt der die Zukunft Erobernden trifft nicht selten auch das Rechte im Urteil. Nichts erstrebt der Dramatiker darum lebhafter, als in einem Berliner Theater aufgeführt zu werden. Damit hat er die Provinz. Der Musiker erleidet gerne Verluste, wenn seine Berliner Konzerte nur gut rezensiert, überhaupt nur rezensiert werden. Denn auf Grund solcher Zeitungspapiererfolge lassen sich Verträge für eine Konzerttournee durch andere deutsche Städte abschließen. Literaturmarkt, Theatermarkt, Musikmarkt. Man findet im Gewühl dieser Marktstadt Die, die das Ideale, das Poetische und Ethische allein meinen; und man findet Die, die mit unverhüllt roher Profitgier das Erhabene mißbrauchen. Es entstehen Theater, in denen mit einer gewissen Selbstlosigkeit neue Bühnenideen gepflegt werden, und es gibt andere Gründungen, in denen mehr als irgend sonstwo die roheste Industrialisierung des Theaters zutage tritt. Es werden musikalische Genüsse geboten, die man kaum in einer anderen Stadt findet; andererseits ist aber das Musikleben zu einem so bunten Marktgetriebe geworden, daß sich nur noch der Musikmakler darin zurechtfindet. Nirgend ist die Presse mächtiger als in Berlin, und nirgend ist sie doch auch schlechter. Sie ist traditionslos, hat sich schnell amerikanisiert und ist dabei korrumpiert. Die angesehensten deutschen Tageszeitungen findet man in der Provinz, in Frankfurt am Main, in Köln, Hamburg, Hannover usw. Die Berliner Presse gibt dennoch den Ton an und tut es von Jahr zu Jahr mehr. Nicht weil sie an den Quellen der Politik sitzt, sondern weil sie den Großstadtton am besten trifft, weil sie am lebhaftesten daran denkt, daß der Abonnent in dieser Zeit ein sensationshungriger Bildungsphilister ist. Das Beispiel der Presse steht aber für die ganze Literatur. Die Markttendenz geht dahin, alle Literatur zweckvoll zu machen. Das heißt: sie muß, um Erfolg zu haben, entweder bequem belehrend, unterhaltend, sensationell, pikant trivial oder modisch repräsentativ sein. Es dürfen keine Kenntnisse vorausgesetzt werden, weil in dem östlichen Kolonistenvolk keine vorhanden sind, trotz der eifrigen Gymnasial- und Volksschulbildung. Es ist darum auch eine Spezialität des Neu-Berliners, bedeutende Künstler oder Werke der Vergangenheit zu »entdecken«. Shakespeare und Goethe sogar werden für die Bildungshungrigen entdeckt, und eines schönen Tages gewinnt man die Überzeugung, daß Schiller doch eigentlich ein Dichter war. Das dauert immer aber nur ein paar Wochen oder Monate, bis die Sensation vorüber ist. Zur Sensation wird den Ahnungslosen und Anspruchsvollen aber alles:

Ibsens hoher sittlicher Ernst und Nietzsches unseliges Herotentum. Und daneben begegnet man dann Schritt für Schritt den unendlich falschen Wertungen der Unwissenden, sieht hier einen bedeutenden Dichter verhöhnt oder vernachlässigt und dort einen Charlatan den Klassikern gleichgestellt. Jedes Talent ist auf diesem großen Bildungsmarkt willkommen; sogar das Genie ist es, wenn es sich nur deutlich zu erkennen gibt. Aber mehr noch sind die selbstbewußten Dilettanten willkommen; dem literarischen Schwindler gehört der Markt so gut wie dem ernst Strebenden.

Daß eine solche Stadt allgemeiner Unbildung nun in Deutschland zu einer Art Vorkämpferin des modernen Bildungswesens werden konnte, wirkt wie ein Hohn. In dieser Tatsache drückt sich sehr drastisch aus, wie sehr der amerikanistische Geist des neuen Reiches das Praktische, Lernbare und Materielle will. Eine im Tiefsten kulturlose und traditionslose Stadt, eine Kolonialstadt kann unmöglich eine rechte Universitätsstadt sein. Wenn Berlin aber doch Jahrzehnt auf Jahrzehnt große Scharen von Medizinern, Juristen, Philologen, Architekten, Malern und Ingenieuren, von Naturforschern und praktischen Landwirten aus seinen Hochschulen entläßt, wenn es allgemach zur Hauptversorgungsanstalt Deutschlands für Akademiker jeder Art wird, so hängt das mit der traurigen Industrialisierung und Materialisierung aller akademischen Berufe zusammen. Berlin hat auch in diesem Fall freiwillig die Arbeit der Amerikanisierung übernommen. Die Berliner Kolonialbildung erobert sich das Mutterland, weil sie zum Lebenskampf am besten ausrüstet, weil sie zum Geiste geschäftsmäßiger Tatsächlichkeit erzieht, dem die nächste Zukunft nun einmal gehört. So wird Berlin also auch zum reichsdeutschen Bildungsmarkt und gewinnt in dem Maße Einfluß auf die Qualität, wie es sich zum Herrn der Quantitäten macht und zum Vertreter aller praktischen Wissenschaft. Nach der Seite des rein Technischen und Automatischen hat Berlin erstaunliche Erfolge aufzuweisen. Es bildet die besten Ingenieure und Chemiker aus, systematisch geschulte Juristen, soldatisch gewissenhafte Beamte und gutdressierte Lehrer. Es ist eine große Lehrwerkstatt für angewandte Logik und rationellen Patriotismus, für staatskirchlich denkendes Christentum und bureaukratische Korrektheit. Zur Kultur aber ist es trotz alles Bildungseifers in keinem Punkte schon gelangt.

Auch der bildenden Kunst des neuen Reiches drückt die Hauptstadt in den meisten Fällen erst den Stempel der Legitimität und der Marktfähigkeit auf. Sie besitzt die größten Markthallen für Bilder und Skulpturen, die meisten Kunstsalons, und die Anzahl der in Berlin anwesenden Künstler könnte eine mittlere Stadt bevölkern. Eine Kunststadt ist Berlin aber nicht. Denn sein Publikum hat kein lebendiges Verhältnis zu den Künsten und den Künstlern, es hat nicht Geschmack, nicht Kenntnis von gut und schlecht, und sieht in den Kunstwerken nicht Quellen sinnlicher Freude, sondern Gegenstände der Repräsentation. Sieht man von einer relativ kleinen Gesellschaftsgruppe ab, so leben die Künstler in ihren Ateliers eigentlich ganz abseits vom allgemeinen Leben, und bei den meisten von ihnen bleibt es immer ein Geheimnis, wie sie zu einem Absatzgebiet kommen. Es werden große Summen für Kunst ausgegeben, vom Hof, von der Kommune und von Privatleuten; aber das geschieht rein äußerlich. Ein lebendiges Interesse ist fast nie die Triebfeder. Berlin ist nur insofern Kunststadt, als es Kunstmarkt und Repräsentationsstadt ist. Der Zweck der Repräsentation nimmt im allgemeinen die Stelle ein, wo das innere Bedürfnis herrschen sollte. Der Hof benutzt die Kunst politisch zur Stärkung des dynastischen Gedankens, Adel und Beamtentum haben überhaupt kein Verhältnis zur Kunst, und der Bourgeois betrachtet sie als Etwas, das zur Möblierung seiner Zimmer gehört. Und als Etwas, das man gesehen haben muß. Die Kunstausstellung als Unterhaltungs- und Bildungsmittel, die Verquickung von Kunst, Biermusik und Liebesmarkt, die Profanierung, Proletarisierung und Theatralisierung der Kunst: das ist ganz im Geiste des neuen Berlin.

Dabei ist in diesem Verhalten der Großstadtbevölkerung den geistigen Werten gegenüber aber nichts Träges und Lasterhaftes. Es ist nur eine vollkommene Indifferenz darin gegenüber Allem, was nicht zweckvoll nützlich ist; es kommt ein maßloser Bildungshunger darin zum Ausdruck und der Parvenüwille nach Macht und Besitz. Diese Bevölkerung ist empfindlich bis zur Krankhaftigkeit, in der Furcht, man könne ihr ihre Blößen zeigen; und sie mag über sich nichts anerkennen, weil sie sich dann dazu bekennen müßte, zweiten Grades zu sein. Der Berliner hat den Ehrgeiz des Kolonialmenschen, der im Hochgefühl seiner Jugendkraft das Mutterland nicht länger über sich dulden will. Im Gefühl ihrer Mängel und Unzulänglichkeiten will diese Bevölkerung wenigstens die Macht des Zwischenhändlers und Maklers ausüben. Und das tut sie mit so zähem Fleiß, mit soviel zweckvoll gerichteter Intelligenz und soviel unbekümmertem Selbstvertrauen, daß sie den Erfolg zwingt. Nicht so sehr als Kaiserstadt und Reichshauptstadt, sondern als Vormacht des immer mächtiger heraufkommenden Amerikanismus hat Berlin sich seine Herrscherstellung im wirtschaftlichen Leben des neuen Deutschland errungen. Es hat gesiegt im Namen der Welttendenz, die darin besteht, daß die jahrhundertalten nationalen Kulturwerte aufgeopfert werden, um an ihre Stelle internationale Zivilisationswerte zu setzen.

# Die neuen Stadtteile

In der Anlage der neuen Stadtteile hat sich der Geist der Großstadtberliner verewigt. Es ist geschildert worden, wie schon das alte Berlin eigentlich planlos angelegt ist. Im Vergleich zu Dem, was nach 1870 entstanden ist, wirkt die alte Anlage aber noch wahrhaft stilvoll und monumental. Niemals in der Baugeschichte hat sich ein mächtig aufstrebendes Geschlecht den Aufgaben des Städtebaues so wenig gewachsen gezeigt. Freilich sind niemals auch unnatürlichere Forderungen zu überwinden gewesen. Von einem organischen Werden des Stadtgebildes aus inneren Lebensbedürfnissen heraus konnte in der jungen Reichshauptstadt nicht mehr die Rede sein, als die Bevölkerungsziffern in phantastischen Sprüngen stiegen und als den herzudrängenden Hunderttausenden überschnell Wohnsitze geschaffen werden mußten. Es konnte nicht gewartet werden, bis lebendige Bedürfnisse sprachen. Die Wohnhäuser mußten straßenweis auf Vorrat gebaut werden und waren früher da als jedes formulierbare Wohnbedürfnis; ganze Stadtteile entstanden in wenigen Jahren, bevor ein Überblick über die Möglichkeiten und Tendenzen der werdenden Großstadt gewonnen werden konnte. Die Pläne, die den neuen Stadtteilen zugrunde gelegt wurden, mußten schematisch ersonnen sein, weil sowohl Erfahrungen wie Traditionen und lebendige Zweckideen fehlten. Das gewählte Schema aber glich, wie es nicht anders sein konnte, dem neuer amerikanischer Kolonialstädte. Denn es blieb diesem phantasielosen, ungebildeten, ungenialen Geschlecht keine andere Formel zur Benutzung übrig als die geometrische, mit deren Hilfe die Stücke weiten, flachen Landes vor den Toren vom Zeichentisch aus aufgeteilt wurden. In all den neuen Stadtplänen dominiert darum die breite gerade Straße, die man in allen Kolonialstädten findet, das Straßennetz ist so regelmäßig wie möglich, ja, wo es irgend anging, schachbrettartig angelegt, und die Plätze sind theoretisch willkürlich in dieses geometrische Muster hineingezeichnet worden. Trotzdem diese amerikanistische Art der Stadtanlage nun gut mit der nüchtern parademäßigen Gleichförmigkeit der Fürstenstadt übereinstimmt, trotzdem die in den neuen Stadtteilen vor dem Oranienburger, Potsdamer, Halleschen, Kottbusser oder Schönhauser Tor zur Anwendung gelangten Grundsätze in vielen Zügen durchaus denen entsprachen, die man in der Friedrich-, Dorotheen-, Friedrich-Wilhelm- oder Luisenstadt findet, trotzdem das neue Großstadtprinzip sich also auf eine Art von Stadttradition berufen kann, ist das System der Regelmäßigkeit dann aber doch nicht mit der eisernen Konsequenz angewandt worden, wie es in Amerika geschieht. Weder ist die schachbrettartige Anlage strenge durchgeführt noch die großstädtisch gedachte Idee, im Hausbau weniger die Breiten- und Tiefenentwicklung zu suchen als vielmehr die Höhenentwicklung. Es ist das Schicksal Berlins auch hier wieder, daß es sich niemals so sehr als deutsche Stadt gefühlt hat, um dem Amerikanismus wirksam widerstehen zu können, daß es aber auch wieder gerade deutsch genug ist, um der letzten Konsequenzen der Modernität unfähig zu sein. Darum ist in den neuen Stadtanlagen eine so widerwärtige Halbheit, darum sind sie so charakter- und farblos. In den amerikanischen Städten wird die absichtliche Nüchternheit wahrscheinlich oft bis zur Grandiosität emporsteigen und starke Impressionen geben; im neuen Berlin verläßt Einen dagegen nie der Gedanke, daß alle Erscheinungen halb zufällig sind, daß es ebensowohl anders sein könnte. Es ist keine Notwendigkeit da, weder unbewußte noch bewußte. Nicht nur die Architekturen ringsumher erzählen vom Geist der Gründerzeit; auch die öde, akzentlose Stadtanlage tut es. Ist schon der Grundriß der alten Stadt immer stückweise willkürlich, künstlich und unübersichtlich gemacht worden, so erreicht die Wirrnis in den neuen Stadtteilen den Gipfel. Der Wanderer würde nicht einmal die in die Vororte führenden Radialstraßen finden, wenn der lebhafte Verkehr ihm nicht die Richtung wiese. Orientierungslinien findet man nur dort, wo die Natur für ein paar Merkpunkte gesorgt hat. Man kann zehn Jahre in Berlin leben und sich in den nördlichen oder östlichen Stadtteilen noch rettungslos verlaufen. In gewissen Gegenden ist man wie in einem steinernen Irrgarten, ohne Anfang und Ende; und die Trostlosigkeit wird durch die gleichmäßige Breite der Straßen, durch die Weiträumigkeit nur noch gesteigert. Neu-Berlin ist in Deutschland jedenfalls das monumentalste Beispiel des modernen Dilettantismus in der Stadtbaukunst. Es gibt weder deutliche Zentralisation noch Dezentralisation. Der Stadtgeist lokalisiert sich nicht, weil es keiner lebendigen sozialen Gliederung unterworfen ist. Es gibt zwar arme und reiche Quartiere, aber es gibt in den verschiedenen Stadtteilen nicht spezifische Stimmungen. In Verlegenheit gerät man, wenn man in den modernen Stadtteilen Berlins ein einziges monumentales Gebäude nur nennen sollte, das künstlerisch wirkungsvoll plaziert, einen einzigen Platz nur, der edel und in schönen Verhältnissen angelegt wäre. Was man in der Reichshauptstadt Platz nennt, das ist einfach eine größere oder kleinere Öffnung, auf die ein halbes Dutzend Straßen münden und über die der Verkehr kreuz und quer lebensgefährlich dahinbraust; oder es sind Lichtungen im Häuserwald, die vom Landschaftsgärtner mit Gebüsch bewaldet werden, oder in deren Mitte eine unsagbar häßliche Ziegelsteinkirche gepflanzt ist. Es gibt natürlich Alles in Berlin, was zum eisernen Bestand der modernen Großstadt gehört: breite Straßen, Schmuckplätze, Boulevards mit Baumreihen, gartenähnliche Anlagen, einen großen Stadtpark und Prunkgebäude die Menge. Aber das Alles macht in Berlin einen traurigen, lieblosen Eindruck. Musterhaft organisiert ist Berlin in allen subalternen verwaltungstechnischen Dingen. Die Ordnung ist vorzüglich, die Sauberkeit vorbildlich; das Hygienische wird strenge überwacht, und was das Reglement vermag, das leistet es in Berlin. Dafür fehlt in Allem und Jedem der groß gerichtete synthetische Sinn, die gestaltende Phantasie und die kunstvolle Organisation. Und dadurch eben wird die Stadt physiognomielos und macht, bei aller Größe, solch kleinlichen Eindruck. Es fehlt der große Zug jener Freiheit, die sich als Selbstbeschränkung äußert. Man erblickt ein unendlich sich ausdehnendes Notgebilde; das aber könnte noch fünfmal so groß sein, ohne daß es an innerer Größe gewönne.

Auch insofern ist die Amerikanisierung der Stadtanlage eine Halbheit, als das Prinzip: die City für das Geschäft, das Land zum Wohnen, nicht konsequent durchgeführt wird. Was nach 1870 in Berlin kilometerweis gebaut wurde, das sind vor allem Etagenhäuser, Wohnhäuser. Die sind nun im Laufe der Jahrzehnte immer mehr freilich zu Geschäftshäusern geworden; aber dafür entstehen weiter draußen dann gleich wieder neue Stadtteile von Mietswohnungen, denen dasselbe Schicksal einst sicher ist. Die Provinzmäßigkeit des Berliners läßt es nicht zu, daß er sich entschlossen in den Vororten ansiedelt und die Stadt nur als Arbeitsplatz betrachtet. Und ihn hat in seiner Halbheit eine in allen höheren Fragen unendlich dilettantische und fahrige Kommunalpolitik bestärkt. Die Stadtverwaltung ist ebenso von der Entwicklung der Dinge geschoben worden wie die Stadtbaumeister; sie hat nie frei und groß gewollt, sondern immer nur gemußt. Und ihr bestes Verdienst ist, daß sie im Müssen gewissenhaft war. Die Geschichte des Stadtregiments nach 1870 ist eine Geschichte der Kompromisse und Halbheiten, die nichts von großen Organisationsplänen weiß. Eine Sachtüchtigkeit großen Stils hat dem Magistrat und den Stadtverordneten um so mehr immer gefehlt, als die Steinschen Grundsätze des Städterechts, die für die Bürgerstadt des beginnenden neunzehnten Jahrhunderts brauchbar waren, heute veraltet sind und den Anforderungen der neuen Zeit nicht genügen. Unklare Zeitempfindungen haben es in Berlin, zum Beispiel, dahin gebracht, daß die Wahl der Stadtverordneten nicht um ihrer sachlichen Tüchtigkeit willen erfolgt, sondern wegen ihrer liberalen politischen Gesinnungen. Das heißt: das Selbstgefühl der Bürgerschaft ist nicht objektiv gerichtet, sondern politisch subjektiv. Die Bürgerschaft fühlt sich ständig im Abhängigkeitsverhältnis einerseits und im Interessengegensatz andererseits zum Hof und zur Staatsregierung; und daraus ergibt sich dann jene allergetreueste liberale Opposition, die die Sache jedesmal vergißt, wenn das politische Steckenpferd aus dem Stall gezogen werden kann. Nun ist aber diese liberale Leidenschaft zur Politik in der Berliner Bürgerschaft auch wieder nicht allgemein und unbedingt genug, als daß despotisch denkende, geniale Bürgermeister sie als Hebel eines großen sachlichen Wollens benutzen könnten. Auch das politische Meinen und Wollen blickt in der Kolonialstadt nicht über den Sinn des Tages hinweg. Daß es so ist, beweist am deutlichsten eben die Art, wie die Stadterweiterung vor sich gegangen ist. Weiterschauende Organisatoren hätten bald nach 1870 schon die Zukunft der Stadt und ihre wahrscheinliche Entwicklung erkennen können, hätten beizeiten für die Eingemeindung aller Vororte im weiten Umkreis gesorgt, hätten ein Groß-Berlin erst einmal als eine Verwaltungseinheit geschaffen, um sodann mit aller Kraft zu versuchen, die Stadt den Millionen zu einem reinen Arbeitsplatz, das Land aber zum Wohnplatz zu machen. Männer, die ihrer Aufgabe gewachsen gewesen wären, hätten in wahrhaft großer Weise monopolisiert, hätten dem Verkehr die Bahnen vorgeschrieben und der notwendigen Großstadtentwicklung das ethisch hygienische Moment abgewonnen. Zu keiner Zeit aber hat sich die Stadtverwaltung mit der Staatsregierung über das Notwendige einigen können; und so sind die Gelegenheiten eine nach der anderen verpaßt worden. Die Vororte sind auf Kosten Berlins groß und reich geworden. Es sind rings an der Peripherie der Hauptstadt neue Stadtgebilde und selbständige Gemeinden entstanden; aber sie hängen nicht organisch mit der Mutterstadt zusammen, der sie doch Existenz und Lebensmöglichkeit verdanken. Denn nicht die verantwortlichen Behörden haben Berlin und seine Vororte nach einheitlichem Plan gebaut, sondern ein Haufen profitgieriger, geistig verblödeter und roher Spekulanten hat die Stadt und ihre Vororte angelegt. Es gibt in diesen bevölkerten Vororten darum so wenig einen einheitlichen Bebauungsplan, wie in Berlin selbst. Man findet eine Willkür und Häßlichkeit ohnegleichen. Da jeder Vorort sich egoistisch als eine kleine Stadt für sich ausgebildet hat, und da die Bodenspekulation auch dort dieselben Ziele verfolgt wie in der Großstadt, so findet man überall, wo man doch auf dem Lande zu sein wähnte, dieselben öden Straßen, großstädtischen Mietshäuser und rußigen Fabriken, dieselbe Kasernenmäßigkeit und Verlogenheit wie in der Stadt. Ob man am Alexanderplatz wohnt oder in Steglitz, Tempelhof oder Pankow, das ist ziemlich dasselbe. Überall ist das gleiche atembeklemmende proletarische Kolonialmilieu. Richtige Landhauskolonien gibt es nur hier und da im Westen auf einigen teuren Waldterrains; aber auch sie sind das Werk von Spekulanten.

Und diese Art der Stadtanlage wird unverändert weiter betrieben, Jahr für Jahr. Theoretische Pläne und Ideenwettbewerbe, die die Stadtverwaltung neuerdings ersonnen hat, können an der Brutalität der Tatsachen nichts ändern. Wo heute noch ein Kornfeld wogt, da ist nach wenigen Jahren schon ein neuer Stadtteil. Es breiten sich weite, schöne Terrains, wie geschaffen zur einheitlichen, großzügigen Bebauung, vor Einem aus; aber blickt man genauer hin, so sieht man schon die langweilig schematischen Straßen abgesteckt. Und im nächsten Jahr werden die Spekulanten um die Wette ihre Mietshäuser errichten. Das ganze neue Berlin gehört den Bauunternehmern. Die »stolze Kaiserstadt« ist buchstäblich vom subalternen Materialismus barbarischer Spekulanten gebaut worden. Keiner hat diesem Rudel willensstarker Profitjäger dreingeredet als die sich um Hygiene und technische Sicherheit kümmernde Baupolizei. So kommt es, daß das ganze neue Berlin mit all seinen Vororten nicht das Resultat eines Stadtbewußtseins ist, sondern ein Produkt des Baumarktes. Vom Geschäftsmann hat sich die moderne Kolonialbevölkerung ihre Reichshauptstadt auf Vorrat bauen lassen, ganz so unwirtlich, anmaßend und häßlich, wie es dem Wesen der Östlichen gemäß ist.

## Gründerarchitektur

Daß eine Epoche so ungeheuer gesteigerter Bautätigkeit wie die, wohinein die Entwicklung Groß-Berlins fällt, sich künstlerisch als absolut unfähig erweist, steht einzig da in der Geschichte der Baukunst. Auch hier ist wieder ein Zeitschicksal. Ähnlich wie die allgemeine Industrialisierung das Edle und Ideale der Menschennatur zeitweise zu vernichten scheint, so geht in der riesigen Bautätigkeit der neuen Zeit alle ursprüngliche Schöpferkraft scheinbar verloren, um dem verderblichsten und kulturfeindlichsten Eklektizismus, der jemals Tatsache geworden ist, Platz zu machen. Auch dieses Schicksal ist international, und es vermag sich ihm der Einzelne nicht zu entziehen. Aber es ist wieder bezeichnend für das Werden und Sein Berlins, daß diese sich so energisch amerikanisierende Großstadt sich freiwillig zur Führerin ganz Deutschlands auf dem Gebiete der modernen Bauunternehmerarchitektur gemacht hat. Von Berlin scheinen alle die Monstrositäten auszugehen, die überall im Reich schon zu finden sind; dieses Gemisch von hundert mißverstandenen Stilformen, dieses tolle architektonische Parvenütum der Gegenwart scheint etwas spezifisch Berlinisches zu sein. Nirgend brüsten sich die Bauformen so frech und verlogen wie in den neuen Stadtteilen der Reichshauptstadt. Es ist der Gründerstil dann in die inneren Stadtteile gedrungen, Alles fast vernichtend, was von bürgerlicher Einfachheit oder von fürstlichem Akademismus noch übrig war; und alle Vororte hat er sich im ersten Anlauf erobert. In seinem eklektizistischen Bauwesen spiegelt sich am deutlichsten vielleicht die Kulturlosigkeit Neu-Berlins. Es ist gezeigt worden, warum die Kolonialstadt ihrem ganzen Wesen nach eine Hauptstadt des Eklektizismus, der nachgeborenen Baustile werden mußte, warum sie sich nur eine sekundäre Stadtkultur erringen konnte. Aber welch ein Unterschied ist doch zwischen dem Eklektizismus der Schinkelzeit und dem der Neuzeit! Auch Schinkels Stil ist zur Hälfte künstlich. Aber er bezeichnet das Epigonentum einer Generation, die immerhin mit einer gewissen Geisteskultur gesättigt war. Der Eklektizismus der vormärzlichen Klassizisten war das Ergebnis einer lange erstrebten Einigungsarbeit, einer Sehnsucht nach Stadtkultur und war als solches Ausdrucksmittel eines Reifezustandes. Der Eklektizismus der Großstadt aber ist in keiner Weise mehr durch tüchtige Bürgergesinnung und gebildeten Fürstenwillen determiniert worden: es ist der Eklektizismus eines rohen Kolonialpöbels. Schinkel und Die seiner Art waren, in all ihrer Bedingtheit, Nachschöpfer; die Architekturunternehmer nach 1870 aber haben die Formen der Alten ganz einfach willkürlich gestohlen und in den meisten Fällen noch in schmählicher Weise travestiert. Ohne einen Funken wahrer Pietät haben sie in den Schätzen alter Baukultur gehaust und die edlen Urformen auf unedle Großstadtbedürfnisse gewaltsam eingerenkt. Aus Backsteinen, Stuck und Gips haben sich die Reichshauptstädter ihre Pseudopaläste aufführen lassen und haben Fassaden erfunden, an denen sich die Bauformen, die Ornamente und Stillinien aller Zeiten und Länder im gräßlichen Durcheinander, wie im Wahnsinn winden. Bäurische Plumpheit hat die feine aristokratische Griechenschönheit blaguiert, die industrielle Massenfabrikation hat Formen aus den Palästen der Renaissance imitiert, gotische Edelformen sind mißbraucht worden, um moderne Protestantenkirchlein zu »stilisieren«, und die Epochen des Barock und Rokoko haben höfisch anmutvolle Ornamente herleihen müssen, um die

Interieurs der Großstadtparvenüs zu schmücken. Nirgend ist so wie im neuen Berlin die unmoralische Unechtheit, die verbrecherische Unfähigkeit und die gemeine Übertriebenheit des modernen Baueklektizismus zutage getreten. Das Verbrechen moderner Unkultur ist in Berlin typisch, es ist fast monumental geworden, durch seine Unmäßigkeit. Es bedürfte eines Rabelais, um diesen notgeborenen Pseudoidealismus würdig zu schildern. Und doch mußte diese Architektur kommen in einer Stadt, deren Bevölkerung dumpf und stumpf, aber mit wilder Lebensgier aus dem östlichen Flachland herbeiströmte, angezogen von den Verheißungen des Amerikanismus. Selbst in diesen Architekturgreueln hat die Berliner Bevölkerung bewiesen, wie großer Arbeitsenergie sie fähig ist, welche Summen von Kraft, Tätigkeit und niederer Intelligenz sie aufzubringen imstande ist. Denn so entsetzlich die Leistung ästhetisch und ethisch betrachtet ist, so staunenswert ist die rein materielle Leistung. Die Bewältigung der Quantität, der Aufbau einer Millionenstadt in wenigen Jahrzehnten: das hat in gewisser Weise etwas Grandioses. Eine Kraft wie diese, die ohne jeden Gewissensbiß über ihre zum Himmel schreienden Kulturuntaten solche Arbeitsmenge bewältigen konnte, mußte wohl in einer Zeit wirtschaftlicher Wiedergeburt über das traditionsmüde Deutschland siegen. Aus einer harten Logik der Geschichte heraus mußte Berlin auch in der Bautätigkeit die Führung übernehmen und seinerseits nun dem ganzen Reich den Emporkömmlingsstil diktieren. Darum ist die Stadt der tausend Stile zur Metropole der neudeutschen Architektur geworden. Es konnten in der Reichshauptstadt einflußreiche Architekturschulen entstehen, in denen Bauakademiker und Bauunternehmer scharenweis ausgebildet werden. Mit dem Fleiß und Eifer der Unverbrauchten haben sich dort Lehrer und Schüler auf die Vorbilder der Geschichte gestürzt und sich leidenschaftlich angeeignet, was sich von subalternen Gehirnen, vom undisziplinierten Willen merken und erlernen läßt. Und dadurch ist die Systematik des Gründerstils über das ganze Land verbreitet worden. Kann man vor den Werken der Gontard, Langhans und Gentz von einem Stil Friedrich Wilhelms des Zweiten reden, vor den Gebäuden Schinkels von einem Stil Friedrich Wilhelms des Dritten und vor den Bauten Stracks, Hitzigs und Waesemanns von dem Stil Friedrich Wilhelms des Vierten, so muß die Gründerarchitektur Groß-Berlins als der Stil Wilhelms des Zweiten bezeichnet werden. Denn dieser Kaiser hat den großstädtisch entarteten Eklektizismus sanktioniert und hoffähig gemacht. Er hat die Formen der modernen Bauindustrie für die Zwecke staatlicher Repräsentation benutzt. Dadurch ist dieser Stil gewissermaßen zum Reichssymbol geworden. Es ist nicht nötig, zu detaillieren, von den Repräsentationsgebäuden, der Mietshaus- und Landhausarchitektur, von der modernen Sakralkunst und Denkmalskunst im Einzelnen zu sprechen. Denn es bedarf nur eines Ganges durch die Stadt, an irgendeinem Punkte, um die Beispiele in geschlossener Reihe vor Augen zu haben.

Auf diesem Wege ist Berlin wieder physiognomielos geworden. Wie ausgelöscht sind die individuellen Züge aus dem Anfange des neunzehnten Jahrhunderts. Nichts ist geblieben als der Trakt der »Linden« bis zum Schlosse, mit den historischen Gebäuden, als die offizielle Wilhelmstraße und die stille, vergessen daliegende Klosterstraße, nichts als ein paar zufällig wirkende schöne alte Häuser und einige alte Plätze. Eintönig zieht sich das unendliche Vielerlei straßauf und straßab. Und um diese reich ornamentierte Nüchternheit auch nach außen recht deutlich zum Ausdruck zu bringen, sind den neuen Straßen und Plätzen dann die denkbar langweiligsten und nichtssagendsten Namen gegeben worden. In alten deutschen Städten pflegen die Straßennamen voll epischer Kraft zu sein; denn die Geschichte der Städte und ihrer Bevölkerung ist darin niedergelegt, die Musik und Melodie des natürlichen Werdens. Die Straßennamen in Berlin aber sind nicht historisch geworden, sondern schulmäßig ausgedacht; auch sie sind künstlich und darum häßlich. Nur im innersten Stadtkern gibt es noch ein paar Benennungen, die an die ursprüngliche Bedeutung der Orte erinnern. In den neuen Stadtteilen aber herrscht durchweg das Prinzip, mit dem Wort »Straße« irgendwelche Namen von Fürsten, Künstlern, Gelehrten, Feldherren oder von Städten phantasielos zu verbinden. Mit kläglichem Eifer suchen Magistrat und Bezirksvereine nach berühmten Namen. Wo es in anderen Städten Wege und Gassen, Twieten, Gänge, Stiegen und ganz intime lokale Benennungen gibt, da liest man in Berlin immer wieder nur das Wort »Straße«. Auch hierin kommt die garnisonmäßig gedrillte, amerikanistische Stupidität der Kolonialbevölkerung zum Ausdruck, die ganze Armut an Poesie, die Berlin allen feiner Empfindenden verhaßt und zu einem Gefängnis der Arbeit macht.

## Die Künste

In einem solchen Milieu können gesunde Bedingungen für eine lebendige bildende Kunst natürlich nicht gegeben sein. Darum entspricht der Entwicklung der Architektur denn auch durchaus die von Malerei und Skulptur. Auch aus diesen Künsten mußte der Rest des Edlen und Heiligen so sehr verschwinden, daß es zeitweise scheinen konnte, als wäre die letzte Stunde der deutschen Kunst überhaupt gekommen. Es ist gezeigt worden, wie schwer und langsam sich innerhalb der Berliner Kunst im Anfang des neunzehnten Jahrhunderts ein Stil ausgebildet hat, und wie auch dieser Stil nur von sekundärer Bedeutung und ein Kind des Eklektizismus gewesen ist. In den letzten Jahrzehnten desselben Jahrhunderts ist aber auch dieser Stilansatz schon wieder entartet und vernichtet worden. Der feine, vornehme, kühl sich beschränkende Klassizismus der vorrevolutionären Zeit ist auch in den bildenden Künsten in den brutalen und schrankenlosen akademischen Eklektizismus des Industriezeitalters übergegangen. Wo Schadow und Rauch ihr bedeutendes Handwerkskönnen an der Antike zur Meisterschaft reifen ließen, während ihnen die abklingenden Barocktraditionen noch lebendig im Gefühl waren, wo sie, trotz ihres Epigonentums, immer das Wesentliche der Natur, das Eigentliche der Kunst meinten und wo sie nur Eklektizisten waren, weil der Mangel einheimischer Traditionen sie auf die Wahltradition verwies, da machten ihre Nachfolger den Eklektizismus blöde zu einem Selbstzweck. Was bei Jenen Können war, wurde, da die Idee fehlte, bei Diesen

Geschicklichkeit; was dort ehrlichem Kulturwillen entsprang, offenbarte sich hier als das Mittel, Kultur zu posieren. Dem Reichsillusionismus, dem großstädtischen Hochgefühl genügten nicht mehr die reinen, herben Formen des Klassizismus. Die anspruchsvolle neue Bevölkerung brachte die Nachfrage nach reicheren Renaissanceformen, nach dem üppigen Barock auf. Einerseits wurde die Stilhaltung dynastischer Lebensherrlichkeit beliebt, und andererseits wollte das Proletarierbewußtsein der Großstadteinwanderer einen ganz profanen und durchsichtigen Naturalismus. Diese beiden Elemente, das theatralisch repräsentative und das geistlos subalterne, sind von der Kunst des neuen Berlin akademisch zusammengemischt worden. Und es hat sich der Geist der Gründerzeit auch als so stark erwiesen, daß schöne und leistungsfähige Talente der Roheit der Nachfrage zum Opfer gefallen sind. Eine ganze akademisch verbildete Bildhauerschule hat sich zu den Aufträgen gedrängt, und es sind, indem diese Künstler unklare und dilettantisch gedachte Pläne des Fürsten, der Kommune oder Privaten mit einer beschämend unkünstlerischen Handwerksgeschicklichkeit in Taten umsetzten, ganze Straßenzüge von Denkmalen entstanden, über die alle Leute von geistiger Kultur im Inlande und Auslande lachen und höhnen. Trotzdem zeigt diese üble, dynastisch determinierte Großstadtkunst, die all ihre Formen stiehlt oder ideenlos kopiert, die ohne Schöpfungskraft und Phantasie schafft und deren Anschauungsvermögen vollkommen bourgeoisiert ist, den ganzen Dünkel der Halbbildung. In großen Verbänden sind ihre Vertreter organisiert, sie usurpiert die staatlichen Würden und Titel, die wirtschaftlichen Vorteile und hat die Kunst des ganzen Reiches allmählich unter ihr verderbliches Regime gebracht. Daneben aber hat sie dann noch einen gehässigen Verfolgungs-, Verleumdungs- und Vernichtungskrieg gegen alle wahren und talentvollen Kunstbestrebungen eröffnet. Es bedurfte schon eines Milieus wie das des neuen Berlin und einer Krankheit wie der Denkmalsmanie unserer Tage, um ein sinnlich strotzendes Talent wie das von Reinhold Begas so zu mißleiten und zu verderben, wie es geschehen ist; um es zu verführen, im leeren Dekorationswesen, im Virtuosen und Theatralischen Genüge zu finden, wo es des Echten und Bedeutenden fähig gewesen wäre. Und nur in Berlin konnte sich dann auch die verborgene Tragik eines Menzelschicksals erfüllen. Das Leben, die Entwicklungsgeschichte dieser erstaunlich reichen Begabung, dieses merkwürdigsten und am meisten typischen unter allen Berliner Künstlern, sind wie eine einzige große Anklage. Bis in die letzten Tiefen der spärlichen Traditionen, die Berlin zu geben hatte, reichen die Wurzeln des Talentes, das sich im jungen Menzel genial fast offenbart hat. Mit mächtigem Schwung und starker Fülle hat diese bürgerlich preußische Kunstkraft in den dreißiger Jahren des neunzehnten Jahrhunderts begonnen. Einen Augenblick schien es, als solle die ganze moderne deutsche Kunstidee in die östliche Stadt hinübergezwungen und dort heimisch gemacht werden. Frankreich scheint in den Arbeiten des jungen Menzel ganz märkisch geworden, die Grazie und die Freiheit scheinen im Sande Berlins heimisch zu werden; und der akademische Eklektizismus scheint besiegt werden zu sollen in derselben Stadt, von wo er sich verbreitet hat. Aber dann kommt die neue Zeit, die Revolution, 1866 und die Reichsgründung; es kommt die große Welle der allgemeinen Demokratisierung und Proletarisierung und geht vernichtend auch über Menzels Kunst dahin. Aus seiner sich bürgerlich beschränkenden Poetenfreiheit wird kleinbürgerliche Subalternität. Auch die ist immer noch bewunderungswürdig genug; aber das Heilige ist damit aus Menzels Kunst verschwunden. Wo in den besten Werken Menzels vor 1860 etwa jene undefinierbare Notwendigkeitsstimmung ist, die wir Stil nennen und die den Künstler als einen Propheten und Interpreten seiner Zeit erscheinen läßt, da ist in den späteren Werken ein trockener, gelehrter Naturalismus, ein technisch unendlich raffinierter Akademismus, eine seelenlos gewordene Meisterschaft. Auch Menzel ist nun ein Opfer des Großstadt-Berlinertums geworden. Er ist das am meisten tragische Opfer, weil er in seinem Wesen von allen Künstlern am meisten im besten Sinne Berliner gewesen ist. Sein Künstlerschicksal ist eine Anklage gegen Berlin. Das Geniale in diesem Mann ist zugrunde gegangen an der Traditionenarmut und Kulturlosigkeit der Hauptstadt. Die Natur hatte diese Begabung bestimmt, ein Wesentliches darzustellen; was Menzel aber schließlich dargestellt hat, das ist zufällige Gegenständlichkeit der Geschichte und des Lebens. Er ist der Großmeister der preußischen Krönungsbilder, der berlinischen Uniformmalerei, der peinlich genauen Modelldarstellungen geworden; wo er sich den Großen der Kunstgeschichte hätte zugesellen können, da ist er nur der Erste in jener langen Reihe Berliner Maler, als deren Prototyp der Name Anton von Werner oft schon genannt worden ist. Er ist im Schmucke des Schwarzen Adlerordens gestorben, als Exzellenz und als Liebling Wilhelms des Zweiten; aber als die irdischen Ehren kamen, da hatte er unbewußt schon den ihm von der Natur verliehenen Orden vom heiligen Geiste längst abgelegt.

Einen Menzel, der ein Leibl gewesen wäre, hätte das neue Berlin nicht geduldet. Denn war schon das ganze Deutschland nach 1870 nicht gestimmt, reine Kunst zu würdigen, so war die Reichshauptstadt der letzte Ort, wo das Echte um seiner selbst willen hätte geschätzt werden können. Mit logischer Konsequenz ist Berlin der bildenden Kunst eine Hauptstadt des Platten, leicht Verständlichen und Renommistischen geworden; eine Stadt gewissenlos entarteter Denkmalsplastik, kleinbürgerlich versimpelter Genremalerei und einer für zuchtlose Kindergemüter bestimmten panoramamäßigen Malerei. Die materielle Täuschung, Abschrift der Natur, vereinigt mit protzigem Eklektizismus, gemalter Patriotismus, Genrehumor, Anekdotisches und Photographisches, Soldatisches und Höfisches: das sind die Charakteristika der neuberlinischen Reichskunst. Das ungebildete Kolonistengeschlecht wollte unterhalten und geschmeichelt sein, nicht belehrt und veredelt, es wollte Marktwerte, nicht Kulturwerte. Es brauchte das Sentimentale, Wohlfeile, Theatralische, das vom Augenblick für den Augenblick Geborene, das Mittelmäßige und Massenhafte. Und so hat sich die yankeehaft hastende Millionenbevölkerung eine Parvenükunst nach ihrem Geiste gemodelt.

# Natur und Umgebung

Durch das Zusammenwirken alles Dieses ist Berlin eine der häßlichsten Städte Deutschlands geworden. Es ist gewissermaßen die Hauptstadt aller modernen Häßlichkeit.

Damit ist dann freilich nicht gesagt, daß es der Hauptstadt an Schönheiten oder doch an ästhetischen Reizen überhaupt mangele. Es gibt Etwas, das man »die Schönheit der Großstadt« genannt hat; und das ist in Berlin ebenso vorhanden wie in jeder andern Großstadt. Aber gerade weil die spezifische Großstadtschönheit auch überall sonst zu treffen ist, darf sie nicht als berlinisch bezeichnet und darf sie in einer Monographie Berlins nur beiläufig erwähnt werden. Diese Schönheit ist im wesentlichen malerischer Art und beruht darauf, daß die Welt überall Gottes ist, daß es keinen Winkel, keine Lasterecke, kein schmutziges Großstadtloch gibt, wohin nicht ein Strahl des ewigen, alle Dinge heilig verklärenden Lichtes fiele. Keine Häusergruppe kann architektonisch so häßlich sein, daß von ihr in gewissen Beleuchtungen und atmosphärischen Stimmungen nicht malerisch reiche oder selbst monumentale Eindrücke ausgehen könnten. Keine Straße ist so langweilig, daß sie nicht, wie in höherer Wirklichkeit, in allen Herrlichkeiten des farbigen Lichtes glitzern könnte; kein Platz ist so schlecht angelegt, kein Flußbild so öde, daß nicht die Wunder des Raumes sich offenbarten. Es ist sogar das scheinbar paradoxe Wort auszusprechen, daß Berlin vor vielen andern Großstädten eine Stätte dieser besonderen Schönheiten zu sein scheint. Die Ursache ist leicht einzusehen. Es tritt bei der Betrachtung der häßlichen Reichshauptstadt nämlich eine Art von Reaktion ein. Je weniger Genuß man im Anblick der architektonischen Stadtbilder genießt, je mehr man sich von der Künstlichkeit rings umher abgestoßen fühlt, desto intensiver genießt man immer jene selbst die häßlichsten Dinge in höhere Bedeutung rückende, rein malerisch impressionistische Anschauung, desto leidenschaftlicher hält man sich an die kosmische Schönheit von Luft und Licht, an die »Schönheiten trotz alledem«. In Paris, zum Beispiel, genießt man diese allgegenwärtige Schönheit durchaus mit den Kunstrhythmen der Architektur zugleich, genießt man die unbeabsichtigte Schönheit zusammen mit der beabsichtigten. Beide Anschauungen, die architektonisch auf die Sache und die kosmisch auf die Stimmung gerichtete, verbinden sich zu einer einzigen, dergestalt daß die letzte nur eine Nuance der ersten zu sein scheint. In Berlin aber, wo die architektonischen Formen das Auge mehr abstoßen als anziehen, wird man ausschließlich auf die malerisch impressionistische Anschauung hingelenkt. Was nicht zuletzt die impressionistische Malerei in Berlin heimisch gemacht hat. Man tut in der Stadt ungefähr, was der ästhetische Mensch im Varieté, im Zirkus tut, wo er das Beabsichtigte der grell bunten, rohen Darbietungen verabscheut und wo er sich mit einem gewissen Raffinement Schönheitswerte zu entdecken und zu genießen weiß, die nicht beabsichtigt sind und denen gerade darum der Zauber des Natürlichen innewohnt. Am Unwillkürlichen haftet solche Impression. Sie ist da, wenn hinter all der peinlichen Dressur die Wahrheit in einem unbewachten Moment hervorschaut, wenn zufällig eine Raumkombination von Farbe, Licht und Form entsteht, in dem sich mit symbolhaftem Reichtum das Leben offenbart, wenn durch alle Unnatur die Natur mit Ewigkeitsblicken hindurchsieht. Dieselbe Art von Eindrücken ist es, worauf die Schönheit der Großstadt beruht. Diese Schönheit ist universal. Sie besteht in der Art, wie die Dinge beleuchtet und im Lichte gefärbt sind, wie sie sich gebirgegleich aufbauen im Raum oder perspektivisch hintereinander zurücktreten, wie sich der Zauberschleier der Atmosphäre um alles Profane legt. Sie ist in Chicago und Sidney, in Köln und in Posen, ist überall, wo die Dämmerung mit dem künstlichen Licht zu kämpfen Gelegenheit hat, wo Menschenmassen fluten und künstliche Perspektiven den Blick in den Raum hineinlocken; sie ist überall und gehört spezifisch zu Berlin nur insofern, als das silbrige, dunstreiche und doch durchsichtige Klima von Berlin der Bildung und Variabilität des impressionistischen Wunders besonders günstig ist.

Auch die landschaftliche Umgebung Berlins gehört nicht eigentlich zum Wesen der Reichshauptstadt. Denn auch diese Landschaft ist der Stadt nicht notwendig; sie gehört nicht organisch zur Großstadt, und es würde deren Charakter nicht ändern, wenn sie anders wäre. Auch hierin gleicht Berlin nicht andern Hauptstädten. Besucht man von Paris aus dessen Umgebung, so glaubt man die Stadt gar nicht zu verlassen. Auch in der Umgebung noch ist der Geist dieser Stadt überall zu spüren, weil das Land ringsumher bis auf die letzte Quadratrute kultiviert ist. Man vergißt in der Landschaft der Pariser Umgebung nicht einen Augenblick Paris, den Pariser und seine Stadtkultur. Die Vororte scheinen noch Glieder des städtischen Riesenkörpers, und das Land erscheint wie ein einziger, großer, gartenähnlicher Vorort. Unmerklich gehen Stadt und Land ineinander über, und es dringt das Land gewissermaßen ebenso in die Stadt, wie die Stadt Gewalt über das Land gewinnt. Dem Betrachter Berlins fällt es dagegen auf, daß Stadt und Umgebung vollständig Zweierlei sind; Beides sind Welten für sich, und es ist unendlich schwer, in der einen an die andere zu denken. In der Stadt ist nichts von der eigentlichen märkischen Natur, und in der märkischen Umgebung ist alle Großstadtstimmung wie ausgelöscht. In Berlin ist von je zu wenig städtische Kultur gewesen, als daß sie dem Lande ringsumher ihren Stempel hätte aufdrücken können; und andererseits ist diese Umgebung kaum kultivierbar. Denn immer wieder empfängt man in den Wäldern, an den Flüssen und Seen mit großer Gewalt den Eindruck, als stände man in einer prähistorischen Landschaft. Diese Stimmung des Vorgeschichtlichen ist außerordentlich stark und nachhaltig. Die auf einer Düne der Eiszeit entstandene Landschaft ist sehr ernst, düster und herb charaktervoll; sie ist elegisch bis zur Melancholie und in ihrer großzügigen Einsamkeit von herbem Reiz. Aber gerade dieser von aller menschlichen Kultur abgewandte Landschaftscharakter, diese unliebenswürdige Strenge, die in den Wäldern und auf den Wiesen kaum eine Blume wachsen läßt, steht dann in einem grotesken Gegensatz zur Großstadt Berlin. Es gibt nicht stärkere, unvereinbarere Gegensätze als das verwirrend hastige Leben der Hauptstadt und die zeitlose Schwermut der Wald- und Flußlandschaften in der Umgebung. Im Ufersande der Havel und Spree, herabsteigend vom hügeligen Kiefernwald, kann man sich ohne alle Gewaltsamkeit in die Zeit zurückdenken, wo Wenden in den Flüssen noch ihre Rosse tränkten, wo die ersten Kolonisten durch Wald und Luch herbeigezogen kamen, um eine Siedelung zu gründen. Ja man wird wie von selbst noch weiter zurückgeführt bis zu Zeiten, wo kein Mensch schon diese urweltlich scheinende Landschaft belebte. Schon vor Tausenden von Jahren wuchsen die Kiefern wie heute, wehte ebenso der Sand, rann das Wasser und zogen die Krähenscharen über Forst und See. Dem sandigen Boden, der Haide, dem Wald hat kein Jahrhundert viel abzugewinnen vermocht. Darum sieht man noch relativ wenig Spuren menschlicher Tätigkeit. Und wo sie sind, da scheinen sie zufällig oder provisorisch. Die Bahnlinien laufen streckenweis durch den Wald, als wäre man im westlichen Amerika, an den Gleisen der Pacificbahn; die Kartoffeläcker und Kornfelder machen oft den Eindruck, als hätte ein Squatter sie in einer Waldlichtung auf gerodetem Boden angelegt. Große Teile dieser Landschaft haben sich seit achthundert Jahren kaum geändert. Daß hier Fabrikschornsteine aufragen, daß sich drüben die Häuser eines Vorortes mit neuen roten Ziegeln schreiend aus dem dunkeln Fichtengrün hervordrängen, daß ringsumher Spuren abgelagerten Großstadtmülls sichtbar sind und daß die Landschaft von Bauspekulanten systematisch verschandelt wird: das verleiht ihr noch nicht Züge der Kultur und nimmt ihr nicht den strengen Ausdruck des von allem städtischen Leben Abgewandten. Es ist immer noch der öde und selbst wilde Kolonialboden, ist ein östliches Revier, erfüllt vom Geist der Einsamkeiten.

An sich ist die Umgebung Berlins sehr schön. Sie ist charaktervoll wie die weniger anderen deutschen Städte. Ein herber, aber fast japanisch feiner Reiz geht von ihr aus, der immer wieder tief ergreift. Der aber immer wieder auch fremdartig anmutet und mehr droht als schmeichelt. Man ist nicht immer gestimmt, wenn man die Großstadt auf Stunden nur verläßt, durch diese Einsamkeiten zu gehen. Diese Landschaft ist nicht menschlich, ist nicht berlinisch determiniert, darum determiniert sie ihrerseits auch nicht die Stadt. Und weil es so ist, erweist es sich dem objektiven Denken als unmöglich, mit ihren fremdartig herben Reizen das Charakterbild der Hauptstadt künstlich zu verschönen.

# Die Großstadtgesellschaft

Auch in einem Kapitel über die Lebensformen des neuen Berlin ist niemals zuerst von der Qualität, sondern immer nur von der Quantität die Rede. Merkt der sich in angestrengter Arbeit schnell bereichernde Berliner, daß seiner Weltstadt irgend etwas fehlt, was dem Lebenskomfort oder der Repräsentation anderswo unentbehrlich scheint, so darf man sicher sein, daß er es sich verschafft, wenn es für Geld zu haben ist. Man findet darum in Berlin alle Resultate fast moderner Zivilisation; aber sie alle kommen mehr oder weniger von außen und sind nicht aus lebendigen lokalen Bedürfnissen erwachsen. Nichts fehlt so sehr wie ein einheitlicher Lebensstil. Die Ostpreußen, Schlesier, Niedersachsen, Rheinländer und Mecklenburger haben ihre heimischen Lebensgewohnheiten in die neue Großstadt mitgebracht und davon bewahrt, was ihnen bewahrenswert erschien. Was die Massen, die nach 1870 auf Berlin zuströmten, andererseits gemeinsam haben, das sind, das müssen notwendig ganz farblose, neutrale Lebensgewohnheiten sein. Und diese lassen sich natürlich von allen möglichen wertvollen und wertlosen Moden färben. Darum ist der Großstadtberliner sehr wohl imstande, sich in einem Jahr zu anglisieren und im nächsten zu französeln oder zu wienern; er kann zugleich märkisch altpreußisch tun und modern amerikanisch. Seine Lebensform ist ein Notgewand, vom Zufall immer zurechtgeschnitten. Die Lebensstimmung, die sich aus diesem Mangel an sozialer Kultur ergibt, ist für Jeden, der aus einem Milieu kommt, wo noch alte Traditionen herrschen, zuerst fast unerträglich. Er fühlt sich wie in der Fremde.

Es gab auch im alten Berlin nicht eine wohlgegliederte Gesellschaft; in der neuen Stadt aber herrscht geradezu das Chaos. Der Adel, das Militär und die Beamten leben abgeschlossen für sich, und das Bürgertum gelangt über die Organisation kleiner Sonderkreise nicht hinaus. Es gibt Gelehrtenkreise, Künstlerkreise, Börsenkreise und vielerlei Berufskreise, es gibt adelige und bürgerliche, zionistische und antisemitische Kliquen; aber eine eigentliche Gesellschaft gibt es nicht. Wie sehr es sogar an gesellschaftlicher Familienkultur fehlt, zeigt sich darin, daß in der Mittelklasse, die so entscheidenden Einfluß immer nach unten und oben zugleich übt, nicht einmal rechter Familiensinn herrscht. Es gibt in der modernen Berliner Bürgerfamilie nicht den alten Stamm von Freunden und Bekannten, der überall sonstwo mit zum eigentlichen Lebensbedürfnis gehört. Nirgend ist die Familie, ist der Einzelne so einsam, so lieblos dem Zufall überantwortet wie in Berlin, weil in dieser Stadt hastiger Arbeit kein Mensch Zeit und Interesse für den andern übrig hat. Das Übliche ist, daß die Bekanntschaften ohne Empfindung von heute auf morgen gewechselt werden. Man lernt geschäftlich oder gesellschaftlich fremde Leute kennen, tut sofort sehr intim mit ihnen und bricht den Verkehr bei der ersten Gelegenheit ohne Bedenken wieder ab. Überall fehlt es an Stetigkeit. Es ist, als sei die ganze Bürgerbevölkerung noch auf der Wanderschaft und könne sich nirgend schon binden. So kommt es, daß sich schöne und dauernde Freundschaften, die sich wechselseitig durch das Verhältnis von Kindern und Enkeln schlingen, fast nie bilden und daß der Ton des Herzens aus dem Verkehr fast verschwunden ist. Jede Familie steht scheinbar immer der anderen konkurrierend gegenüber. Das führt dann zu dem häßlichen, kaltherzigen, spezifisch berlinischen Ton der

Gesellschaftsmedisance einerseits und zur äußeren Repräsentation, zum Überbieten in der Bewirtung, zu lauter dummen Äußerlichkeiten andererseits. Unter Verwandten, zwischen Eltern und Kindern sogar herrscht in der Regel ein kühler, ironisch witzelnder Ton oder die Sprache brutaler Nützlichkeit. Um so lebhafter steht diesem Ton dann die immer noch vorhandene, wenn auch schon stark infizierte Innigkeit des jüdischen Familienlebens gegenüber. Zur Familienkultur gehört eben schlechterdings ein gewisses Alter der Gesellschaft. Nur wer ein Bleibendes rings um sich sieht, schließt sich vertrauend Anderen an und knüpft sein Leben rückhaltlos an das von Gleichgesinnten. Wo aber, wie in Berlin, in der Familie, in der Gesellschaft der Ton der Empfindung fehlt, da muß dieser Mangel notwendig auf die ganze Stadtkultur zurückwirken. Denn Kultur ist letzten Falles nichts Anderes als soziales Vertrauen. Wo nicht innere Beziehungen sind, da kann nicht geistige Form sein, nicht wahre Interessengemeinschaft; und wo die fehlen, da ist auch nicht die äußere Form. Die fehlt im neuen Berlin denn auch, daß Gott erbarm.

Die ausgesprochene Unhäuslichkeit des Berliners, die sich in seinem Wirtschaftsleben, in der Unbehaglichkeit seiner Wohnungen und in dem fast krankhaften Hang, oft die Wohnung zu wechseln, kundgibt, ist nur eine Folge dieses schlecht ausgebildeten Familienlebens. Die Berliner Hausfrau beschäftigt sich gewiß viel ausschließlicher mit den Dingen ihrer Wirtschaft als irgendeine andere Großstädterin; die bessere Hausfrau ist sie darum aber nicht. Für die Pariser Hausfrau, zum Beispiel, arbeitet und denkt die erstaunlich sicher organisierte Lebenstradition, die über ganz Frankreich herrscht. Die Berlinerin aber muß ihren Hausstand selbst organisieren; und es reicht bei ihr nicht die Intelligenz, um das mit Grazie und Intimität zu tun. Der männliche Berliner markiert andererseits viel Hausvatergefühl und Gemütlichkeitsempfindung, aber doch nur, soweit sich das durch Hemdsärmel, Hausschuhe und Zigarrenrauchen im »Salon« oder gar im Schlafzimmer ausdrücken läßt. Für den Pariser, den Londoner, den Wiener ist sein Haus etwas wie ein Symbol des ganzen Lebens; für den Berliner ist es ein Zufluchtsort, etwas dem Leben in wesentlichen Dingen Entgegengesetztes. Darum kontrastiert bei ihm so grotesk oft das Privatleben mit seinem öffentlichen Auftreten. Zuhause lebt er einfach, kärglich und provinzmäßig salopp; zum Ausgang aber frisiert man sich weltstädtisch auf. Oder man schließt ein paar Zimmer, die besten und gesündesten der Wohnung, fest zu, steckt die Möbel in Überzüge und lebt in den Hofzimmern eng gedrängt alltags dahin, damit am festlichen Abend vor den Gästen die Repräsentationsräume in imponierender Neuheit erstrahlen. In keiner Stadt Deutschlands ist der Mittelstand zugleich so sehr auf Sparsamkeit und eitle Repräsentation bedacht. Aus diesem Zwiespalt entspringt alles Unechte, die Lust am Surrogat. So entstehen Gesellschaftsformen, die halb roh naturalistisch und halb eklektizistisch sind. Man kultiviert die aristokratische Form und zugleich die aus dem Hinterhaus. Es treten die Erscheinungen auf, derentwegen der Berliner zur komischen Figur wird. Zur Abendgesellschaft kommt der Eine im Frack, der Zweite im Gehrock und ein Dritter im hellen Straßenanzug; Sonntags mittags speisen in sehr vornehmen Restaurants Berliner Männer stolz im Smoking, tun sich im vornehmen Kurhotel in der Sommerfrische aber etwas darauf zugute, an der Abendtafel mit Wadenstrümpfen und im Sweater zu erscheinen. Bei offiziellen Ausstellungseröffnungen am Vormittag wird der Frack vorgeschrieben; ins Theater aber geht man, wie man gerade aus dem Geschäft kommt.

Denn man kommt spät erst aus dem Geschäft. Zum Vergnügen bleiben nur wenige Stunden, die eilig genutzt sein wollen. Alle Versuche, in Berlin Etwas wie die englische Arbeitszeit einzuführen und dadurch dem Geschäftsleben sowohl wie dem Familienleben eine bestimmte Form zu geben, sind bisher gescheitert. Selbst zu solcher rein praktischen Einmütigkeit sind die Massen nicht zu bringen. Eine Folge davon ist, daß es für die Hauptmahlzeiten in Berlin keine festen Stunden gibt. Man findet Bürgerkreise, in denen provinzlich solide um 1 oder 2 Uhr zu Mittag gegessen, um 4 Uhr gevespert und gegen 8 Uhr zu Abend gegessen wird; in anderen Teilen des Mittelstandes ißt man erst um 3 oder 4 Uhr zu Mittag und spricht vom Fünf-Uhr-Tee. Es richtet sich immer nach dem Geschäft, nach der sozialen Stellung und nach den Begriffen von Vornehmheit. Der Beamte ist um 3 oder 4 Uhr frei, der Kaufmann macht zwischen 12 und 4 Uhr eine Mittags- oder Frühstückspause, der Handwerker richtet sich mit seinen Lebensgewohnheiten nach der Zeiteinteilung in seiner Werkstatt, Künstler oder Gelehrte essen wann sie wollen, und in Gesellschaftskreisen, wo man für das Englische oder Hanseatische ist, nennt man das Mittagessen Frühstück und das Abendessen Diner. Eine einzige Stunde, die die ganze Stadtbevölkerung zu den Hauptmahlzeiten vereinigt und dem Leben der Stadt so charakteristische Züge verleiht wie in Paris oder London, gibt es in Berlin jedenfalls nicht. Es herrscht in den Speisegewohnheiten fast Anarchie. Denn natürlich hat sich das Angebot beeilt, der so verschiedenartigen Nachfrage genug zu tun. Es gibt unendlich viele verschiedene Klassen und Arten von Speisewirtschaften. Jede Gewohnheit findet eine Gelegenheit. Man kann in den Restaurants zwischen 9 und 1 Uhr frühstücken, zwischen 12 und 6 Uhr Mittag essen und von 6 bis 2 Uhr nachts zu Abend speisen. Das Herdfeuer in den öffentlichen Lokalen geht gar nicht aus; und da nicht bestimmte Gerichte für bestimmte Stunden gekocht werden, so muß die Qualität der Speisen bei solcher Dauerkocherei natürlich sehr leiden. Es ist eine seltsame Stimmung in diesem ungeregelten Stadtleben. Der Eine hat noch Hunger, während der Andere schon gesättigt ist, man trinkt seinen Nachmittagskaffee neben Frühstückenden; und wenn diese ihren Nachmittagskaffee nehmen, sitzen Gäste da, die vor dem Theater schon zu Abend speisen.

Bei solchem Durcheinander kann es zu gemeinsamen gesellschaftlichen Veranstaltungen nicht kommen. Es gibt darum in Berlin keinen Nachmittagskorso im Park, wie in allen andern Großstädten. Und die Folge ist, daß man keine schönen Fuhrwerke und keine edlen Pferde sieht. Die Rennen sind nicht, wie es in Paris oder Wien ist, Veranstaltungen, woran die ganze Bevölkerung Anteil nimmt; um so weniger, als die Polizei jahrzehntelang verboten hat, Rennen am Sonntag abzuhalten. Noch weniger als im alten Berlin gibt es im neuen Volksfeste, bei denen sich wirklich die ganze Bevölkerung zusammenfindet. Die einzigen Gelegenheiten sind immer noch die Einzüge fremder Fürsten oder die Auffahrten bei Hoffestlichkeiten. Und das sind nicht Volksfeste, sondern Schauspiele, zu denen die Menge mehr des Spektakels wegen geht. Es gibt im neuen Berlin nicht Jahrmärkte oder einen Christmarkt, wo größere Teile der Bevölkerung herzlich zusammenkommen, und nicht ein einziges traditionelles oder modernes Volksfest. Wird einmal ein Schützen- oder Sängerfest nach Berlin verlegt, so wird es ganz gewiß kein Volksfest. Es bleibt zum Teil Privatveranstaltung oder kulminiert andererseits in der Vogelwiese. Dieser Vergnügungsplatz ist dann aber auch nicht einmal eine Stätte naiver Volksbelustigung, sondern der Schauplatz eines wüsten Bierulkes, lärmvoller Albernheit oder rohen Übermuts. An die Stelle des alten schönen deutschen Jahrmarkttreibens ist in Berlin der auf freien Baustellen für Wochen und Monate organisierte proletarische Vergnügungsplatz, der sehr bezeichnend »Rummel« genannt wird, getreten. Dort treiben sich die Rowdies, die Arbeitslosen, die Fabrikmädchen und anderer

Großstadtpöbel freudlos lärmend umher. Bezeichnend ist es auch für den Gemeinsinn des neuen Berlin, daß große Ausstellungen, an denen die ganze Bevölkerung Anteil nimmt, fast niemals zustande kommen. Schon daß eine Weltstadt wie Berlin den Plan einer Weltausstellung nicht einmal wagt und auch nicht wohl wagen kann, charakterisiert die Lage. Die Unternehmer sind gewiß nicht weniger wagemutig in Berlin als anderswo; an ihnen liegt es nicht, wenn die Ausstellungen in der Reichshauptstadt immer mehr oder weniger Privatunternehmen bleiben. Es liegt am Sinn der Bevölkerung, dem die freie, naive Anteilnahme fehlt, die nur an die eigene Arbeit denkt und an das flüchtige, derbe, ungeistige Vergnügen.

Wie roh und materialistisch dieses Vergnügen betrieben wird, das lehrt ein Blick auf die vielfachen Formen, in denen sich die Frau dem Mann zur Liebe oder zum Flirt anbietet. Nirgend tritt die Prostitution so ohne alle Grazie, so praktisch häßlich, so bourgeoismäßig auf. Selbst in Städten, wo die Prostituierten kaserniert sind, fehlt diese entsetzliche Stimmung brutaler Geschäftsmäßigkeit. Auf der einen Seite will die soziale Heuchelei das öffentliche Bordellwesen nicht leiden. Die Prostituierte wird auf die Straße verwiesen, wo sie sich als anständiges Mädchen, als Bürgersfrau oder gar als Dame zu verkleiden hat. Dadurch gerade wird dann aber die Prostitution über die ganze Stadt verbreitet, so daß die Frauen und Töchter der Bürger zu gewissen Stunden und in gewissen Stadtteilen auf der Straße nicht mehr sicher sind. Die allgemeine Jagd auf die Frau gehört in Berlin zu den deutlichsten Zeichen roher Kulturlosigkeit. Die Männer benehmen sich dabei schamlos zudringlich, taktlos und formlos, so daß es dem Betrachter auf der Straße, im Café, in den Kunstausstellungen und Varietés oft ist, als befände er sich in einer Goldgräberstadt; sie haben keinen Blick dafür, wen sie vor sich haben, und sehen alles Weibliche, was ohne Begleitung auf der Straße getroffen wird, als das natürliche Wild ihrer Lüste an. In gemeiner Weise betasten sie jede Frau mit ihren zynischen Blicken und tragen ihre Begehrlichkeit, ihre Absichten so unverhüllt zur Schau, wie es Menschen ohne Erziehung nur immer können. Dabei sind sie aber nicht etwa von heißer erotischer Leidenschaft entflammt. Im Gegenteil, sie haben viel zu viel zu tun, um der Liebe viel Zeit, Gedanken, Empfindungen und feineres Interesse widmen zu können. Sie lieben halb geschäftsmäßig. Sie knausern und feilschen um die Befriedigung ihres Sexualtriebes wie Makler. Aber gerade weil es in ihrem Leben nicht eine bestimmte Stunde gibt, die der Liebe gehört, weil es nicht die feinere großstädtische Kultur des zärtlichen Verhältnisses gibt, das in Wien und Paris Ausgangspunkt einer ganzen Literatur geworden ist, weil nichts kaschiert, nichts mit Poesie umgeben, sondern weil alles mit geschäftsmäßiger Empfindungslosigkeit betrieben wird, verläßt den Berliner das erotische Begehren eigentlich in keinem Augenblick. Und wie der Mann, ist dann natürlich die Frau. Wie sie brutal begehrt wird, so bietet sie sich als bezahlte Geliebte geschäftsmäßig kalt und gemein an. Nirgend in einer Hauptstadt ist die Prostituierte so ohne Anmut wie in Berlin. Sie zieht sich schlecht an, ist in ihrem Benehmen unfein, ohne alle Bildung und sagt die schamlosen Dinge, die zu ihrem traurigen Beruf gehören, mit einer nüchternen Sachlichkeit, die etwas Schreckliches hat. Sie mag sich gebärden wie sie will: immer merkt man ihrer schlecht geschminkten Eleganz die Kellerluft an, das Hinterhaus und den proletarisch nüchternen Familienton ihrer Jugend. Ganz ohne Schwung und natürliche Koketterie ist sie, eine temperamentlos wandelnde Ware, die das wenn auch in einem Punkte nur vom Geschmack erzogene Laster nicht zu verlocken vermag.

Berlin ist eine laute Stadt, aber eine Stadt ohne Heiterkeit. Es gibt kein naiv übermütiges Studentenleben, keine sehenswerten Bälle, wo man die Studenten mit ihren Grisetten in wirklicher Fröhlichkeit beisammen sieht. In den Tanzlokalen dominieren der Handlungsgehilfe mit seiner Talmivornehmheit und die Konfektioneuse, die nach 9 Uhr noch ein paarmal herumtanzen will, trotzdem sie vor Müdigkeit gähnt. Das alles streift nicht einmal die Volksfestfreude. Auch die sommerlichen Kremserfahrten in den Grunewald tun es nicht. Nüchterner und poesieloser kann nichts sein. Man macht proletarischen Radau, veranstaltet eine würdelose Maskerade, singt, johlt und verunreinigt in weitem Umkreis den Wald. Selbst ein solcher Sommerausflug, die einzigste Freude oft der Armen in der Großstadt, ist nie frei von Dem, was dem Neu-Berliner wie ein untilgbares Laster anhaftet: der Freude an der Parodie. Der Berliner parodiert immer und überall; ohne Parodie gibt es für ihn keine geistige Emotion. Und müßte er sich selber parodieren. Da ihm die Würde durchaus fehlt, verhöhnt er mit aufdringlichem Gebaren alle Formen der Würde. In diesem Verhalten zeigt sich seine gekränkte Eitelkeit. Immer ist er ängstlich, daß man ihn nicht für voll nehmen könnte. Darum lärmt er, drängt sich in den Vordergrund und ist in so seltsam unsympathischer Weise zugleich anspruchsvoll und anspruchslos. Er will durchaus Großstädter scheinen und ist im wesentlichen doch Provinzler. Nein, weniger; formloser, ungebildeter ist er als der Provinzler!

Seine ganze Art und Determination macht den Berliner zum widerstandslosen Opfer der Moden. Er glaubt großstädtisch zu scheinen, wenn er fremde Großstadtgewohnheiten nachahmt; er wird zum Eklektizisten aller hauptstädtischen Lebensformen der Welt; und der berlinische Bildungsdünkel kommt dann hinzu. Das Resultat ist ein Großstadtjargon ohnegleichen. Der fängt damit an, daß jeder Fahrgast in der Elektrischen einen Fahrschein à zehn Pfennige verlangt, daß man zum »Lunch« geht und den »Five o'clock-tea« nimmt, und endet damit, daß Hühnerzüchter sich Hühnerologen nennen. Jede ausländische Mode kommt ganz gewiß immer nach einem Vierteljahr nach Berlin. Am sichersten und vollständigsten die Kleidermoden. Trotz der ungeheuren materiellen Arbeitsleistung vermag die Reichshauptstadt sich selbst auch nicht eine einzige Mode zu diktieren. Die Berlinerin hat Manches gelernt im Laufe der Jahrzehnte. Aber wenn sie die Toilette zusammenstellt, so blickt sie nach Paris, London, Amerika oder Wien. Und der männliche Hauptstädter macht es nicht anders. Man trägt in Berlin amerikanisches oder französisches Schuhzeug, Pariser Hüte und Abendkleider, englische Kleiderstoffe und Kleiderschnitte, Wiener Hüte und japanische Schals. Die Herren lassen sich den Bart englisch schneiden und die Damen schminken sich pariserisch, auch wenn sie es nicht nötig haben. Alles Lokale und Nationale ist in Berlin längst verschwunden. Es ist in der Reichshauptstadt von vornherein der Ehrgeiz aller niederen Volksklassen, alle Bestandteile ihrer ländlichen Tracht von sich zu tun und in dem Großstadteinerlei unterzugehen. Der Handwerksgehilfe schämt sich, im Arbeitsrock über die Straße zu gehen, und das Berliner Dienstmädchen hat jede uniforme Haustracht abgelehnt. Wo man sich in anderen Städten der reinlich hellen Dienstbotentracht freut, da tritt Einem in den Berliner Häusern der Mittelklasse ein charakterlos in Rock und Bluse gekleidetes Geschöpf entgegen, das als Dienstmädchen nicht zu erkennen wäre, wenn es nicht zu schmutzig wäre, um als Hausfrau oder als Tochter des Hauses gelten zu können.

Hoffnungsloser noch erscheinen Einem die Zustände der Reichshauptstadt, wenn man ihre Eß- und Trinkkonventionen betrachtet. Und doch ist damit ein Punkt berührt, der von der Kultur einer Stadt sehr Wesentliches sagt. Man könnte eine ganze deutsche Kulturgeschichte schreiben, nur auf Grund der lokalen Eß- und Trinkgewohnheiten in den deutschen Landschaften des Nordens, Ostens, Westens und Südens. Wirtschaftliches und Soziales ist in solchen Gewohnheiten immer zugleich enthalten; man erkennt die Traditionen und vermag auf die Temperamentsart der Völker zu schließen. Berlin würde in einer so disponierten Kulturgeschichte keine Rolle spielen; oder doch nur im Negativen. Es ist gezeigt worden, daß sich im neunzehnten Jahrhundert ein paar spärliche aber doch spezifische Eigenheiten des Essens und Trinkens in Berlin herangebildet haben; selbst diese kleinen Gewohnheiten haben dem großstädtischen Leben dann nicht standgehalten. Geblieben sind, als ein Nachklang jahrhundertelanger Kargheit, nur die Nüchternheit und Charakterlosigkeit. Die absolute Anspruchslosigkeit, die Neutralität des Geschmacks haben der Eßwaren- und Getränkeindustrie in Berlin einen günstigeren Boden geschaffen als sonstwo in Deutschland. Und dadurch ist die Art des Essens und Trinkens in Berlin nur um so unpersönlicher geworden. Es wird Einem verwirrend vielerlei geboten; Lokalgerichte aber gibt es nur zwei oder drei. Die Ost- und Westpreußen, die Mecklenburger und Pommern, die Schlesier und Märker haben ihre besonderen Eß- und Trinkgewohnheiten mitgebracht und haben sie, so gut es ging, im kleinen Familienkreis den Mitteln der Hauptstadt, dem mittelmäßigen Material, das der Berliner Markt, das die Berliner Industrie liefert, angepaßt. Sie haben bald einsehen müssen, daß mit diesem Material rechter Wohlgeschmack nicht zu erzeugen ist. Denn die Gemüse und Früchte sind ohne rechtes Aroma, Alles, was der Boden hervorbringt, schmeckt holzig und sandig. Oder wässerig und weich, wenn zur künstlichen Düngung die Zuflucht genommen ist. Das Schlachtvieh, das nach Berlin kommt, ist im Durchschnitt von geringer Qualität. Und der Durchschnitt allein ist natürlich maßgebend. Hausfrauen, die aus Mecklenburgs gesegneten Landstrichen kommen, aus Niedersachsen oder aus Österreichs feiner Kochkultur, stehen Dem, was der Berliner Eßwarenmarkt ihnen zu hohen Preisen bietet, in der ersten Zeit immer ganz verzagt gegenüber. Nicht ohne Grund werden die Eßgewohnheiten der Berliner im Reiche verhöhnt. Die Qualität gilt der Reichshauptstadt auch hier wenig, die Quantität aber um so mehr. Das Vielerlei ist verwirrend. Es werden ostpreußische Gerichte gegessen, polnische, schlesische und westdeutsche; man kocht norddeutsch, wienerisch oder rheinländisch. Es ist nur nötig, die Speisenkarte des ersten besten Restaurants zu betrachten. Wer vor einer solchen spaltenlangen Karte die Etymologie der verschiedenen Gerichte zu bestimmen sucht, wird ein gut Stück Küchengeschichte abwandeln müssen. Man findet Englisches, Französisches, Russisches, Skandinavisches, Polnisches, Österreichisches, Italienisches und Deutsches von zehnerlei Art. Es ist die Charakterlosigkeit der Nachfrage, was solche Maßlosigkeit des Angebots hervorruft. Eines Angebots, dem der Wirt nur mit ausgiebiger Hilfe der Industrie gerecht werden kann. Darum ist Berlin die eigentliche Stadt der Konserven, des Büchsengemüses und der Universaltunke; die Stadt der Speisenfabrikation, der traditionslosen Küchenindustrie. Die Aufgabe dieser Eßwarenindustrie besteht so recht in einer wohlfeilen Massenabfütterung. Und die macht dann das Surrogat, die Lebensmittelverfälschung, den Massenimport und das ungesunde Raffinement nötig.

Verschwunden ist schon die Weißbierstube und das gut bürgerliche Weinhaus. Statt dessen findet man Französische Restaurants, Holländische Likör- und Teestuben, Bayrische und Böhmische Bierhäuser, Wiener Cafés, Amerikanische Bars, Italienische und Russische Restaurants. Es entstehen Jahr für Jahr neue Bierpaläste und Weinkathedralen. Mächtige Bauwerke, mit pomphaft verzierten, hoch gewölbten Marmorsälen, glitzernd von Vergoldungen und Spiegelglas. In diesen Palästen läßt sich der moderne Mittelstandsphilister verfälschte Weine mit wohlklingenden Etikettennamen und wohlfeile, schmacklose Gerichte servieren. Prächtig aber billig, billig aber schlecht: darin ist im Kern die ganze Eßkultur des Reichshauptstädters. Jeder kleine Emporkömmling will sich als Kapitalist, als Kunde und Herr fühlen, will sich die Delikatessen der Saison vorsetzen lassen und die Sekttropfen knallen hören. Im Restaurant kommt sein Parvenütum wahrhaft grotesk zum Vorschein. Er schmeckt gar nicht, was er ißt und trinkt; er schmeckt nur den Schein und die Freude, sich selbst hochgeehrt vom Wirt in einem prächtigen Saal zu sehen. Bis zur Manie geht das Prunkbedürfnis. Stehbierhallen, wo nur im eiligen Vorübergehen für ein paar Nickel gefrühstückt wird, müssen mit bunter Schaubudenpracht hergerichtet sein. Betrachtet man, wie sich der Mittelstand in diesem ekelhaften Pseudoglanz benimmt, so spürt man dann freilich gleich die Grundlagen der Unkultur. Die Vielesserei der Berliner in den Prunkwirtschaften ist fast ekelerregend. Besonders des Abends. Dieselben Leute, die zu Hause knickern, tun im Restaurant bei ihrer Flasche geschmiertem Mosel, als könnten sie ohne Austern und unter vier Gängen nicht existieren, dieselben Kleinbürger, die sich sonst mit einer Wurststulle begnügen, wären chockiert, wenn sie nichts Warmes und nicht wenigstens zwei Liter echtes Bier konsumierten. Dabei ist der Berliner von Natur nicht trinkfreudig und neigt gar nicht zur Trunkenheit. Aber das Wirtshaussitzen ist seine ganze Lust. Sonntag mittags, wenn die ganze Familie einmal beisammen ist, zieht man mit Kind und Kegel in die Kneipe; und des Abends hält man in der dicken Rauchluft bis Mitternacht aus. Man sitzt in schlechter, unerzogener Haltung beieinander, schlingt das Essen gierig hinunter und benimmt sich in Wahrheit in aller Unschuld recht unappetitlich.

Was es mit der Eß- und Trinkkultur Berlins auf sich hat, erfährt man am deutlichsten vor den Toren, bei Ausflügen und

Wanderungen in der Umgebung. Was Einem da vorgesetzt wird und wie es geschieht, das vertreibt den ärgsten Hunger. Bedienung, Geschirr, Tafelzeug, Lokal, Zubereitung: Alles ist gleich plump, unkultiviert und proletarisch anspruchslos. Sich in Norddeutschland von der Tochter des Hauses oder von der Magd im schönen Bauerngarten bedienen zu lassen und die kräftigen Landesgerichte zu genießen: das ist immer ein schöner Programmpunkt der Landpartie. Und in Süddeutschland gibt es Gegenden, wo der Städter seine Gäste aufs Land, in berühmte Dorfwirtshäuser führt, wenn er ihnen etwas besonders Gutes vorsetzen will. Dort gibt es Wirtsbäuerinnen, die wegen ihrer Kochkunst weithin im Lande berühmt sind. In der Berliner Gegend gibt es Bauerntraditionen nicht. Es ist eine Gegend des Flaschenbiers, chemisch verfälschter Schnäpse, sudeliger Kaffeeküchen und zuhälterhaft aussehender Kellner. Es haust in dieser Gegend immer noch ein kulturloses Kolonistengeschlecht, das nur übler geworden ist, seitdem es Großstadtgewohnheiten angenommen hat.

## Einfluß auf das Reich

Alle diese Großstadttendenzen Berlins wirken nun traditionszerstörend auf das gesamte deutsche Leben, weil die alte Kolonialstadt von Tag zu Tag mehr auch geistig zu einer Reichshauptstadt wird; in dem Maße nämlich, wie der moderne Industrialismus überall an Boden gewinnt, wie sich das Schicksal der allgemeinen Amerikanisierung vollzieht, muß die darin am weitesten vorgeschrittene Stadt zum natürlichen Führer auf dem Wege zur Modernität werden. Wenn Berlin früher immer abseits von der deutschen Kulturzone lag und es in vielen Dingen noch tut, wenn es auf das Mutterland Jahrhunderte hindurch nicht Einfluß gewinnen konnte, so ist es jetzt, eben um seiner Traditionslosigkeit willen, fähig, das politisch schon Unterworfene auch kulturell zu beeinflussen. Nur kommt diese Beeinflussung in vielen Dingen einer Zerstörung gleich. Nicht als ob diese Zerstörung der alten Werte und Überlieferungen nicht auch ohne Berlin vor sich gegangen wäre; nur beschleunigt und vervollständigt die Hauptstadt sie mit ihrem Einfluß und organisiert sie mit echt preußischer Gewissenhaftigkeit. Der Berliner siegt im Namen jener farblosen Modernität, deren Schrecken wir erst zum Teil kennen und vor der uns doch kein Gott bewahren kann, weil Notwendigkeit darin ist. Viele der Wirkungen des Großberlinertums sind geradezu verheerend. Kommt man durch die Städte des Reiches, so erkennt man die mißgeschaffenen Tendenzen der Reichshauptstadt in tausend Einzelheiten; es ist, als müsse jeder neugeschaffene Wert erst durch die Maschine der großstädtischen Weltanschauung gehen, um den rechten Stempel zu empfangen. Die Annahme, die Provinz hasse und verabscheue Berlin, ist nur zum Teil richtig. Man hat in der Provinz wohl den Instinkt für die Unproduktivität des hauptstädtischen Geistes, und man höhnt über jede sichtbare Unzulänglichkeit; aber daneben herrscht allgemein auch Neid auf die Genüsse, die die Großstadt zu bieten hat. Berlinisch, großstadtartig zu werden ist der heimliche oder offenbare Ehrgeiz der kleinsten Landstadt schon. Die Provinz berlinisiert sich und alle Lebensformen in erschreckender Weise. Und nimmt dabei zuweilen Formen an, die die Kulturlosigkeit der Hauptstadt noch um ein Beträchtliches übertreffen. Von der Reichshauptstadt aus verbreitet sich wie eine ansteckende Krankheit die demokratisch kapitalistische Gleichheitsidee. Sie tötet den Bauerngeist und die Handwerkergesinnung, vergiftet die Zufriedenheit des Arbeiters, schleicht sich in die Beamtentradition und in das Patriziergefühl und setzt eine gleichmäßig farblose, freche Mittelklassengesinnung an Stelle des gegliederten Standesbewußtseins. Den Anschluß hat das provinzielle Element vermittelt, das im Berlinertum so stark noch lebendig ist. Die Resultate sieht man daran, wie sich über alle deutschen Städte die varietéartigen Vergnügungslokale nach Berliner Muster verbreiten, wie in der Provinz die Berliner Art zu wohnen und äußerlich zu repräsentieren begierig aufgenommen wird, wie man sich an Sensationen ergötzen und alle geistigen Werte als Unterhaltungs- und Handelswerte abschätzen lernt. Provinzen und Städte, die seit Jahrhunderten berühmt sind wegen ihrer Nationalgerichte oder ihrer Trachten, akzeptieren widerstandslos die Berliner Speisekarte und die Berliner Kleidermoden. Am Strande des Meeres findet man das Berliner Schnitzel mit Konservengemüsen wieder, und auf den bayrischen Bergen ist es in derselben garküchenhaften Zubereitung zu haben. Und nicht anders, als wäre er ein

Menü, wird der Theaterspielplan aus der Reichshauptstadt bezogen. Die Possen, Sensationen und Tendenzen, die für abgearbeitete, nervöse Großstädter, für die eilige Kolonistenbevölkerung eine gewisse Berechtigung haben, werden in der Provinz gründlich und mit Behagen genossen. Der Musiker zeigt im Lande als Legitimation die flüchtigen Nachtkritiken der Berliner Zeitungen vor; und die zum Teil recht gute Provinzpresse sieht sich von ihren Abonnenten unmerklich, aber konsequent gezwungen, das amerikanische Großstadtsystem einzuführen. Aus Berlin, mit Großstadtmaßstäben kommen in die Kleinstädte die Juristen, Lehrer, Architekten und Literaten. Sie Alle tragen den Weltstadtdünkel in das Land. Aus Berlin stammen im wesentlichen die Städtebauer und Architekten, die die schönen alten Städte stückweis, systematisch verschandeln und die mit theoretisch geborener Schundarchitektur den Bildungsphilister beglücken. Bis Athen, Prag und St. Petersburg reicht der zerstörende Einfluß. Die Allerweltakademiker, die auf dem Charlottenburger Polytechnikum ausgebildet worden sind, erbauen am Mittelländischen Meer und am finnischen Meerbusen die gleichen, eklektizistisch verlogenen Fassaden. Der Geist der Berliner Bauschule, des Berliner Lebens ist in den Bahnhofsgebäuden der meisten deutschen Städte, in den zur Stadt führenden Boulevards mit den beiden Reihen kümmerlicher Bäumchen, in den Etagenhäusern und Geschäftsgebäuden, in der Straßendisposition und in den Parkanlagen, in der akademischen Langeweile der Regierungsgebäude und Kirchen, in den Sieges- und Kaiserdenkmalen, in den Schaufenstern mit der bunten Industrieware und in der Orgie der Reklame rings umher an Front und Giebel.

Die Kolonialstadt kolonisiert jetzt das Mutterland mit einem zweifellos modernen, aber noch nicht kulturell gewordenen Lebensgedanken. Sie ist der Pionier einer neuen Arbeitsidee, die neue Zivilisationswerte einbürgert, indem sie alte Kulturwerte zerstört. Aber freilich: auch der Vertreter eines Willens, dem die Zukunft gehört und dem eine neue Kulturform zweifellos folgen kann, der Pionier eines kaum in einigen Umrissen schon erkennbaren Arbeitsideals und ungeheurer neuer Möglichkeiten. Von diesen Möglichkeiten, wie sie in der Großstadt Berlin vor dem geistigen Auge auftauchen, wird nun zu sprechen sein.

# GROSSSTADT-
# SCHICKSALE II

## Der Pionierwille

In irgendeiner Weise sind Wille und Tatkraft immer ethischer und sogar ästhetischer Natur oder sie sind doch die Wurzeln ethischer und ästhetischer Erscheinungen. Denn es sind Tugenden. Darum müssen Kräfte wie die, die das moderne Berlin gebaut haben, neben ihren kulturzerstörenden Elementen auch solche enthalten, die aufs Ideale und in die Zukunft weisen. Es würde diesen Kräften die Spannkraft, die Erneuerungsfähigkeit und also die Dauer fehlen, wenn ihnen, trotz allem Halben und Falschen, das sie hervorbringen, nicht das Gute, Gesunde und Lebendige auch irgendwie vorschwebte. Was den Energien, die in kurzen Jahrzehnten ein unendlich häßliches, aber doch ein riesenhaftes, neues Berlin geschaffen haben, überall noch fehlt, das ist Freiheit, Reife, Selbstbesinnung und Selbstbeschränkung. Die Fehler, die gemacht worden sind, schmecken weniger nach Dekadenze als nach den Flegeljahren. Obgleich es nun aber zweifelhaft ist, ob sich die junge Kraft jemals zu schöpferischer Männlichkeit wird durchringen können, so läßt es doch keinen Zweifel zu, daß ein leidenschaftlicher Trieb nach oben vorhanden ist, ein Drang nach einer modernen Kulturform, die den neuen Lebensbedingungen und dem Rhythmus unserer Zeit gemäß ist. Und wenn sich Berlin zur Hauptstadt aller modernen Fehler und Unzulänglichkeiten gemacht hat, so stellt es sich zu gleicher Zeit auch dar als die eigentliche deutsche Residenz des lebendig neuen und groß wollenden Zeitgedankens. Dieser Zukunftssinn in all den Irrtümern und Barbareien des Tages ist es, der die zukunftsgläubigen und leidenschaftlich sich zu Macht und Tüchtigkeit emporringenden Deutschen, der die Männer revolutionärer Ideen und starker Tatkraft immer wieder nach Berlin zieht und ihnen das traditionslose, häßliche Milieu der Großstadt trotz alledem erträglich, ja sogar heimatlich erscheinen läßt. Kraft dieser lebendigen Zukunftsinstinkte wird Berlin zur selben Zeit, wo es als die Verführerin Alldeutschlands zum Amerikanismus, zur Emporkömmlingskultur dasteht, auch zu einer Führerin zu wahrer Modernität. Wie die Traditionslosigkeit einerseits zur Schrankenlosigkeit verführt, so hebt sie andererseits auch viele schädliche historische Hemmungen auf, gibt absolute Bewegungsfreiheit und macht, daß die Stimme des Zeitbedürfnisses vernehmlicher nur vernommen wird. In den Lauten der Zeitbedürfnisse aber schwingt, neben vielem Profanen und Niederen, immer auch die Stimme des Gesamtheitsideals mit. Als Berlin sich zur Führerin zum Amerikanismus machte, bewies die kühn strebende Kolonialstadt, daß sie die Willensrichtung des modernen Lebens vor allen andern Städten des deutschen Sprachgebietes am klarsten begriffen hat. Nirgend ist man rücksichtsloser materialistisch gewesen, aber nirgend auch kühner und konsequenter. Man steht darum vor dem wahrhaft monumental grotesken Schauspiel, wie an verschiedenen Punkten immer wieder durch den ungeheuren Wust des Phrasenhaften und Häßlichen ein starker neuer Lebensgedanke emporflackert, wie sich diese bedeutende Idee aber doch auch noch nirgend rein vom Milieu der Übergangsformen abzulösen vermag. In Berlin taucht zuerst immer das Wollen auf, das nicht nur neu und revolutionär ist, sondern auch im höheren Sinne modern, das heißt: lebendig; und nirgend wird es so intelligent und temperamentvoll begriffen wie in der neuen Großstadt. Wenigstens kritisch begriffen. So kommt es, daß Berlin, obwohl es die schöpferischen Naturen eigentlich abstößt, doch bestimmende Macht über sie gewinnt und daß es ebenso entschieden wie im Schlechten auch im Guten führt. Es ist ohne Zweifel die physiognomieloseste und häßlichste unter den größeren Städten Deutschlands; aber es ist auch die arbeitsamste und lebendigste. Und darum eben wirkt es so anziehend auf die Pioniere der Tat oder der Idee. Es ist die »Modernität« freilich in der Stadt der reinen Vernunft längst schon eine Gesellschaftsmode geworden, ungefähr so, wie der Liberalismus von je eine Bildungsmode war; doch ist in dieser leicht albern erscheinenden Modernität doch auch wirklich neue, gestaltungsfähige Lebensgesinnung. Man führt die Stücke revolutionärer Dichter unter dem Beifall des Großstadtpublikums nicht nur um der lieben Neugier und des Bildungsdünkels wegen auf, sondern auch, weil ehrlicher Bildungsdrang es fordert und ein kluger Instinkt die neuen Werte wittert. Man hat der neuen Malerei in der Hauptstadt eine wichtige Stätte bereitet, weil sehr lebendige Empfindungen davon berührt worden sind. Eine neue Großstadtbaukunst hat sich konsequent und vorbildlich in Berlin entwickelt, weil dort die Bedingungen und Voraussetzungen moderner Großstadtbedürfnisse klarer gegeben sind als anderswo. Und an wenigen Orten nur wird das Geschäftsleben so großen Sinns organisiert, weil sich aus den Tendenzen des Amerikanismus machtvolle wirtschaftliche Organisationsideen wie von selbst ergeben. Alles in allem: in dieser neuen Kolonialbevölkerung der östlichen Großstadt regt sich ein Lebensinstinkt, in dem Gutes und Schlimmes, Großes und Kleines hart nebeneinander wohnen; es ist eine Kraft da, die ebensowohl zum Niederen zu mißbrauchen wie zum Bedeutenden zu gebrauchen ist.

Die geistige Bewegung, die in den achtziger und neunziger Jahren durch die deutsche Jugend ging, konnte nur in Berlin ihren Mittelpunkt finden. Dieser Bewegung, die geistiges Neuland sucht, war die Pionierstadt gemäß, weil ihre

Tendenz dahin ging, die epigonische Kultur der Väter, den Eklektizismus des neunzehnten Jahrhunderts zu überwinden und an Stelle der sekundären Werte etwas Eigenes zu setzen. Seltsam genug, daß dieser Kampf gegen den Eklektizismus in jeder Form in der Reichshauptstadt des Eklektizismus ausgetragen wurde, daß das Übermaß an kolonialem Eklektizismus in Berlin zu einer Art von Selbstentzündung führte und daß sich die Sehnsucht nach Ursprünglichkeit und schöpferischer Selbständigkeit nirgend so leidenschaftlich regte wie in der kulturell bisher unselbständigsten Stadt Deutschlands! Es erwachte damals in den Söhnen der Männer, die die Siege von 1870 errungen hatten, der Wille, der äußeren Einigung des Reiches eine innere folgen zu lassen; es erwachte das Gefühl für die Größe und ungeheure geschichtliche Bedeutung der neuen Zeit, der neuen Wirtschaftsideen, der revolutionären sozialen Gesellschaftstendenzen und Kulturperspektiven. Die Jugend empfand, daß die Geschichte wieder einmal an der Schwelle eines neuen Zeitalters steht, daß es gilt, den alten Besitz gründlich zu revidieren und auch für neuen Besitz zu sorgen. Der Prinzipienkampf ging um Dinge der Sozialpolitik, des Wirtschaftslebens, der Religion und Philosophie, um die Werte der praktischen Naturwissenschaften, um Probleme der bildenden Kunst und Musik, und vor allem auch um Form- und Stoffragen der Literatur. Das wie eine Sturzwelle über das geeinte Deutschland hereinbrechende neue amerikanistische Leben wollte als Idee in allen seinen Teilen begriffen sein. Und als Experimentierfeld, als der günstigste Ort, Anschauungen zu sammeln, bot sich wie von selbst Berlin dar. Was die Revolutionäre brauchten, das war Gelegenheit zur Rücksichtslosigkeit. Und dazu forderte das traditionslose Berliner Milieu geradezu auf, während sich in den alten Städten des Mutterlandes die reichen Zeichen der Tradition mit unbequemer Mahnung vor den Neuerern erhoben. Auch aus diesem geistigen Kampfe, der in Berlin mehr noch wie im ganzen Reiche bis heute fortwährt, sind in der Folge viele törichte Moden wieder hervorgegangen; dennoch hat es sich gezeigt, wie sehr gerade Berlin auch an der offenbaren und verborgenen Ethik dieses Kampfes interessiert ist. Dieselben Willensinstinkte, die Berlin zur politischen Führerschaft in Deutschland verholfen und ihm das Mutterland unterworfen haben, mußten die Pionierstadt auch zur Hochburg der geistigen Einheitsidee machen. Darum ist diese Neustadt deutscher Kultur der Jugend zum Sammelpunkt geworden und ist es bis heute geblieben – trotz alledem. Ein seltsames Verhältnis! Kein bedeutender Dichter lebt und schafft in Berlin; in der Reichshauptstadt aber sitzt sein Publikum, das seine Absichten, sein Talent am besten und frühesten begreift. Während der Poet fern von der Großstadt lebt, denkt er an die Wirkung, die sein gleichnishaft in die Zukunft weisendes Werk auf dieses Publikum ausübt, denkt er an Berlin nicht nur im üblen Sinne als an seinen Markt, sondern auch im guten Sinne als an eine Stätte lebendiger Kritik. Moderne Gesinnungen finden dort immer irgendwie Resonanz, weil der geistige Hunger der neuen Großstadtbevölkerung mit gleich leidenschaftlichem Eifer das Bedeutende sowohl wie das nur bedeutend Scheinende verschlingt. Es ist nicht Zufall, daß Berlin, während es einerseits die Industrialisierung des Theaters eingeleitet und befördert hat, andererseits die moderne bürgerliche Schauspielkunst einer gewissen Höhe entgegengeführt hat. Was das ehemalige Deutsche Theater in Berlin gewesen ist und was das Lessing-Theater noch ist, das gehört zweifellos der Entwicklungsgeschichte der deutschen Bühnenkunst an. Und daß die wichtigen und zukunftsvollen Bestrebungen der modernen Bühnenreform, die heute alle sachlich denkenden Theaterleiter beschäftigen, von Berlin ausgegangen sind, ist ebenfalls nicht Zufall. Ebenso charakteristisch ist es dann freilich, daß die wertvolle Reinhardtsche Reformidee gleich auch modisch entwertet ist, ehe ihre Konsequenzen nur begriffen werden konnten. Alle Erscheinungen haben in Berlin immer die entgegengesetzten Eigenschaften zugleich. Das Materialistische wird bis zur Monumentalität hinaufgetrieben, und der wahrhaft große Pioniergedanke wird ebenso oft zum Zweck der Sensation mißbraucht. So hat Berlin, zum Beispiel, seine Fähigkeit zur Vorurteilslosigkeit, die sich aus seiner Traditionslosigkeit ergibt, benutzt, um sich über enge nationalistische Voreingenommenheit hinwegzusetzen und sich den bedeutenden fremden Geisteswerten hinzugeben. Vorkämpfer wie Ibsen oder Tolstoi haben nirgend so energische Förderung gefunden wie in Berlin. Dort sind ihrem Weltruhm wesentliche Grundlagen bereitet worden. Große Literaten wie Flaubert und Zola, Dichter wie Dostojewskij, Turgenieff oder Maeterlinck, merkwürdige Persönlichkeiten wie Björnstjerne oder Strindberg sind in ihrer Bedeutung in Berlin immer zuerst in Deutschland erkannt oder doch gewittert worden. Aber dann ist alles Fremde auch gleich wieder zur lächerlichen Mode geworden. Es ist die rechte Empfindung in Berlin lebendig, daß im Zeitalter des Weltverkehrs auch eine geistige Internationalität nötig ist; andererseits fehlt dann aber das rechte Maß, das rechte nationale Selbstgefühl, um das Fremde seinem wahren Werte nach objektiv zu schätzen. Diese Übertreibung hat Berlin dann alle Torheiten der Fremdländerei begehen lassen; seine Vergangenheit hat es dazu verführt und zugleich sein lebendiger Zukunftssinn. Diese Ausländerei tritt aber um so schärfer noch hervor, als sich in Berlin eine entschiedene Abneigung gegen alles prononciert Nationale bemerkbar macht. Die Kolonialbevölkerung der Großstadt lehnt aus Selbsterhaltungstrieb alle romantischen Gefühle ab, die die Freude an der deutschen Vergangenheit, an der Tradition zur Grundlage haben; aber sie tut es auch aus Haß gegen die

Gefühlsphrase, gegen das falsche Pathos, gegen beabsichtigte Feierlichkeit. Wobei man sich aber in Berlin dann nicht scheut, im Kampf gegen die Phrase selbst phrasenhaft zu werden. Nur ist es hoffnungsvoll, daß an der Berliner Phrase niemals der Rausch teilhat, sondern allein der Intellekt, die mißverstehende Kritik.

Der Hunger nach Talent und Persönlichkeit in Berlin ist sehr merkwürdig. In der Reichshauptstadt darf heute kaum noch ein wirklich leistungsfähiges Talent fürchten, verkannt und unterdrückt zu werden. Obgleich man das Genie von seiten des Gefühls nirgend weniger versteht als in Berlin, kommt man ihm, um seiner Außergewöhnlichkeit willen, doch nirgend auch weiter und schneller entgegen. Man hat nicht Kultur, aber Kulturehrgeiz. Und man erkennt durch seine Haltung stillschweigend an, daß Vieles, daß das Beste in Berlin noch fehlt. Darum läßt man im stolzen Mäcenatengefühl die sittlichen Anklagen Tolstois und Ibsens über sich ergehen, hätschelt die Dichter der »Weber« und des »Nachtasyl«, läßt sich die Simplizissimusgrobheiten Wedekinds schmunzelnd gefallen, wie man zustimmend einst zu den Schonungslosigkeiten Zolas genickt hat. Nur in der deutschen Stadt, wo die Presse am meisten amerikanisiert und sensationiert ist, konnte ein voraussetzungsloser, sozialpolitischer Kritiker wie Harden große Erfolge erzielen und eine Reorganisation des Pressegeistes anbahnen; nur in Berlin, wo jede Halbwahrheit geglaubt, jede Übertreibung und schmeichelnde Lüge willkommen geheißen wird, konnte sich zugleich um und neben einem Publizisten wie diesem eine namenlose Partei der Parteilosen, der Sachlichen und Zukunftskräftigen bilden. In derselben Stadt, wo die Bevölkerung sich dem neuen Kaisertum zuerst und am willenlosesten byzantinisch hingegeben hat, ist auch die schärfste und erfolgreichste Kritik eben dieses Byzantinismus aufgestanden. In allen Dingen ist es dasselbe: auf dem höchsten Punkt überschlägt sich jedesmal die Entwicklung, und in dem wirren Großstadttrubel, in dem alle Kultur scheinbar vernichtet wird, stellt sich zur rechten Zeit immer eine Selbstkorrektur ein. Ist Berlin die Hauptstadt neudeutscher Unkultur, so ist sie doch auch die Stätte der sich dagegen richtenden Kritik. Man hat Freude an der Kritik in dieser Stadt, an der guten und an der schlechten. Auch die Kritik ist einerseits reporterhaft entartet, während sie andererseits sogar einige schöpferische Züge aufweist. In keiner andern deutschen Stadt erscheinen Wochen- und Monatsschriften von so hohem literarischen Wert.

Ein beachtenswertes Symptom für die Rolle, die Berlin in den geistigen Zeitbewegungen spielt, ist es auch, daß die von je kunstarme Stadt, die nur im Anfange des neunzehnten Jahrhunderts einmal Etwas wie eine selbständige lokale Bürgerkunst hervorzubringen vermocht hat, jetzt in Deutschland zur eigentlichen Stätte jenes modernen Kunststils der Malerei geworden ist, den man Impressionismus nennt. Während sich die eigentlichen deutschen Kunststädte gegen diesen von Frankreich kommenden Kunststil sträuben und ihm nur widerwillig nachgeben, hat man in Berlin begriffen, daß es sich hierin um Anderes als um eine vorübergehende Kunstrichtung, als um eine Mode handelt, daß der Impressionismus vielmehr die künstlerische Ausdrucksform einer Weltanschauung, der spezifisch modernen Weltanschauung ist. Auch hier ist die Traditionslosigkeit dazu nutze gewesen, das in der Fremde aufleuchtende Signal rechtzeitig zu erkennen. Es ist fast phantastisch, wenn man in dem kunstfremden Milieu der neuen Großstadt, im Berlin Anton von Werners, der Siegesallee und der großen Kunstausstellungen ein echtes Talent wie das Liebermanns auftauchen sieht, wenn man mit Erstaunen wahrnimmt, daß sich in dieser starken Begabung die kärglichen Kunsttraditionen des alten Berlin organisch mit den Lehren verbinden, die die moderne französische Malerei zu geben hat, und wenn man sieht, daß dieser moderne Künstler dann nicht nur zum Vater einer neuen Berliner Malschule, sondern auch zu einem Führer eines ganzen neuen deutschen Malergeschlechts werden konnte. Dieser Umstand wird nur um so romantischer, wenn man sieht, daß dieser Erneuerer der malerischen Anschauung in Deutschland, in dem die Traditionen des neunzehnten Jahrhunderts so lebendig wiedergeboren werden, der Abkömmling eines alten Berliner Judenpatriziats ist, also ein Kind der Gesellschaftsschicht, in der in der Mitte des vorigen Jahrhunderts vielleicht am meisten Familienkultur war. Diese Art, wie der Berliner Geist mit Hilfe eines starken Talents aus seinen eigenen Überlieferungen und aus den modernen Lehren der Franzosen ein Neues gebildet hat, ist vielleicht seine reifste und höchste Leistung in der neuen Zeit. Es ist damit ein Bekenntnis zu wahrer Modernität gegeben; und es ist dieses Bekenntnis mehr schon als Idee, denn es besteht in schönen und wertvollen Werken der Malerei. In Werken einer Malerei, die lebendig nicht nur aus dem Boden der Großstadt gewachsen erscheint, sondern speziell aus dem Boden Berlins. Denn sie beruht auf dem unsentimentalen Sehen, auf dem unpathetischen Ausdruck. Sie sucht und findet den neutralen Stoff, einmal, weil es ihr Prinzip ist, das Kosmische im Zufälligen und Naturalistischen wahrzunehmen, und dann, weil Berlin so recht eine Stadt neutraler Stoffe ist. Der Impressionismus, der in Berlin verstanden und geübt wird, malt jene »Schönheit der Großstadt«, die vom Spiel des Lichtes und der Luft abhängig ist und die von den architektonisch skulpturalen Schönheiten der Dinge abstrahieren kann. Er ist eine rechte Großstadtkunst; und wenn er in Berlin auch nur sekundär auftritt, wenn er ohne Paris undenkbar ist und ohne diese stetige Anregungsquelle wohl kaum entwicklungsfähig wäre, so hat er doch auch schon national organisierende Kraft bewiesen, als er in Berlin zum Zusammenschluß der Sezession die Vorbedingungen schuf. Künstler wie Klinger und Thoma, wie Leibl, Feuerbach, Böcklin, Marées oder Hildebrand sind in Berlin nicht einmal denkbar; Liebermann aber und seine Schule sind andererseits nur in Berlin denkbar. Und diese Schule vertritt immerhin den eigentlich hoffnungsvollen, modernen Gedanken neudeutscher Kunst. Sie hat bereits bewiesen, daß, wenn sie auch nicht im entferntesten ein Zentrum der gesamten deutschen Kunst zu werden vermag, doch alles Revolutionäre, Zukunftsvolle und Werdende in ihrem Kreise am willigsten Aufnahme und Förderung findet und daß nirgend so lebendig wie in ihrer Nähe die Fortschrittsideen der Künste begriffen werden.

Sichtbarer noch ist das leidenschaftliche Ringen um neue Selbständigkeit in der Architektur. Denn dort spricht der unmittelbare Zweck, das Befriedigung fordernde profane Bedürfnis vernehmbarer in die Kunstidee hinein; jedes Bauglied wächst organisch aus Materialfunktionen, und der Architekt ist nur der Organisator der sozial und wirtschaftlich gerichteten Nachfrage. Darum weisen die Werke der Baukunst so lebhaft auf den Geist der Allgemeinheit und auf das Kollektivbedürfnis. In Berlin ist dieser Hinweis auf den Geist des Ganzen einerseits in den repräsentativ verlogenen Stuckfassaden, in den Beispielen einer akademisch eklektizistischen Parvenüarchitektur enthalten; andererseits aber erkennt man ihn dann auch wieder in der Art, wie die wahren modernen Bauprobleme erkannt und gelöst oder doch leise geahnt und der Lösung auf Umwegen entgegengeführt werden. Seltsam genug ist ja das Erlebnis, wenn man sieht, wie aus dem Wust des Abscheulichen und Mißverstandenen gerade die neuen, starken Lösungen emporsteigen. Aber dem Nachdenken zeigt es sich, daß es nicht anders sein konnte, weil sich nirgend so wie in Berlin die neuen Aufgaben dem Architekten entgegendrängen,

Lösungen verlangend, die sich aus dem Sachlichkeitsgefühl ergeben. Das Muß der wirtschaftlichen Entwicklung zwingt den Architekten zur gleichen Zeit, wo es ihn zur Phrase, zur Materiallüge, zur Pseudokunst verführt. Aufgaben, die von dem barbarischen Kolonistengeschlecht zuerst nur mit Hilfsmitteln gelöst worden sind, wie sie Zufall und Gewohnheit darbieten, haben sich von Jahr zu Jahr mehr das ihnen eigentümliche Recht verschafft und haben von innen heraus, wie aus einer Keimzelle heraus, neue Form entwickelt. Hand in Hand mit dieser architektonischen Formwerdung ging die Monumentalisierung des wirtschaftlichen Entwicklungsgedankens. Betrachtet man, zum Beispiel, die Entstehung des Geschäftshauses, vor allem die des Warenhauses oder auch die Metamorphosen des städtischen Mietshauses, so sieht man deutlich, wie sehr die wirtschaftlichen Gedanken architektonisch mitgebaut haben und wie veredelnd die wirtschaftlich entstandenen Architekturformen dann wieder auf die Zweckmäßigkeitsideen zurückgewirkt haben. Das Warenhaus hat sich aus dem einst in sehr schlechtem Ruf stehenden Basar entwickelt, aus Allerweltsgeschäften, in denen schlechte Waren ihrer Wohlfeilheit wegen gekauft wurden und die auf die Tagesbedürfnisse eines rohen, von der Hand in den Mund lebenden, eiligen Großstadtproletariats zugeschnitten waren. Jahr für Jahr aber haben sich diese Ramschbasare umgewandelt, veredelt und vergrößert, bis aus ihnen das große Warenhaus von heute geworden ist. Das moderne Warenhaus, das vor uns steht als das Resultat einer mit organisatorischem Instinkt zentralisierenden Wirtschaftsidee. Es kündigt eine Zeit an, die eine Menge von Kleingeschäften und Sonderexistenzen synthetisch zusammenzufassen sucht, die wieder vereinigen möchte, was die übertriebene Arbeitsteilung getrennt und partikularistisch ausgebildet hat. Und es ist nicht Zufall, daß in dem Augenblick, wo die innere Organisation unter dem

Drucke wirtschaftlicher Entwicklungen bis zu einem gewissen Punkte gediehen war, die Großstadtarchitektur für das so fast symbolhaft gewordene Warenhaus eine bedeutende Form gefunden hat; und ebenso ist es nicht Zufall, daß beide Resultate, das wirtschaftliche und das künstlerische, gerade in Berlin erzielt worden sind.

Vor allem ist hier der Name des Baumeisters der Wertheimhäuser, Alfred Messel, zu nennen. Dieser intelligente und kläräugige Architekt hat zuerst rein die Idee des Warenhauses erfaßt. Er hat das längst reife Problem wie in einem Ruck in einer Weise gelöst, die für Berlin, für Deutschland vorbildlich geworden ist. Der amerikanisch kühne Geist, der in Berlin umgeht, hat diese eigentlich mehr aristokratisch feine als gewaltsame Begabung zur Unbedingtheit des Ausdrucks gespornt und hat ihn Formen finden und durchführen lassen, in denen klar und monumental der Rhythmus und der Geist der neuen Zeit sind. Messel ist in der Residenz des neudeutschen Eklektizismus von dem ebenda regierenden Instinkt der Modernität so kühn und klug gemacht worden, daß er – der selbst von Hause aus Akademiker und Eklektiker war – als erster unter den modernen Baumeistern den seit mehr als hundert Jahren auf der Berliner, auf der deutschen Baukunst lastenden Eklektizismus bis zu gewissen Graden überwunden und damit Etwas wie eine neue Periode moderner Baukunst eingeleitet hat. Die Aufgabe hat den von Natur nicht eben Kühnen so mutig gemacht, und die Zeit war seinem Wollen und Können so reif, daß ihm in einem Punkte wenigstens gelungen ist, was dem als Künstler feineren und musikalischeren Schinkel versagt geblieben ist.

Nicht nur den Warenhäusern wird in Berlin mit Hilfe Messels und seiner Nachfolger eine sachlich monumentale Form gegeben; zu gleicher Zeit beginnen andere Geschäftsgebäude wie Kontorhäuser, Banken usw. moderne Gestaltung zu zeigen.

Und überall geschieht das tüchtig Neue in dem Maße, wie die wirtschaftliche Organisation zu sichtbaren modernen Resultaten kommt. Das ist auch beim Mietshaus der Fall. Wenn es im Berlin der Gründerjahrzehnte ein Gebilde gibt, wovon man die ganze Barbarei der Epoche bequem ablesen kann, so ist es das Etagenhaus mit seiner erlogenen Palastprächtigkeit und im Glanz seiner Unechtheit. Und doch hat sich, unter der entsetzlichen, dicken ornamentalen Kruste lange unsichtbar, ein Entwicklungsprozeß vollzogen, der nun endlich in sichtbaren Resultaten hervorzutreten beginnt. Man entdeckt nämlich, im schärfsten Gegensatz zu dem ruchlosen Individualismus, der jede Fassade in einem besonderen »Stil« nach der Laune des Unternehmers ausbildet, unter der Putzschicht einen entschiedenen Zug zur Uniformität. Diese dem Unternehmer erst in jüngster Zeit ins Bewußtsein dringende Tendenz ist vor allem dann wahrnehmbar, wenn die Fassaden noch schmucklos im Rohbau als Gerippe dastehen. In diesem Stadium nimmt man wahr, wie sich aus den überall gleichen Bedingungen der Raumausnutzung, aus den für alle Häuser geltenden Vorschriften der Baupolizei und aus der Einhelligkeit der Nachfrage, dort, wo es sich um Wohnungen gleichen Mietspreises handelt, Typen ergeben, die immer wiederkehren. Verschieden werden die Fassaden erst, wenn der Stukkateur die irgendwie stilisierten Ornamente anklebt, wenn die verschieden weit ausladenden Gesimse angebracht, die Dachformen künstlich zurechtgezimmert und überflüssige Türme aufs Dach gesetzt werden. In dem unwillkürlichen Drang zur Uniformität, der diesem bewußten Willen zur Besonderlichkeit so grotesk widerspricht, kommt nun ein sehr moderner Gedanke bürgerlicher Architektur zum Ausdruck. Ein Gedanke, der wiederum nur in Berlin gefunden werden konnte. Es liegt in diesem Gedanken die Anerkennung, daß es sich im Leben unserer Tage nicht um Trennung und Individualismus handelt, sondern um Einheitlichkeit, um die Organisation des Vielerlei. Diese sich immer mehr durchsetzende Idee der Uniformität deutet darauf hin, daß das Reihenhaus nicht mehr durchaus als etwas Isoliertes betrachtet wird, wie es das freistehende Haus ist, sondern nur als Teil der Straßenwand und daß es architektonisch also auf die Ausgestaltung der ganzen Häuserwand ankommt und nicht auf die der Einzelfassade. Diese Schlußfolgerung, die von den Verhältnissen erzwungen wird, führt dann aber gleich weiter. Sie führt zu der Schlußfolgerung, es müsse ein großer, von vier Straßen begrenzter Baublock wie ein einziges Haus behandelt werden; das heißt: die Uniformität müsse bewußt zum Prinzip erhoben und zur Grundlage einer neuen großstädtischen Mietshausbauform gemacht werden. Hieraus ergibt sich dann aber wieder mit Notwendigkeit, daß ein Einziger das Ganze entwirft, daß also nicht mehr der Unternehmer die schmalen und tiefen Bauplätze einzeln bebaut. Den großen Baublock zwischen vier Straßen kann aber nicht mehr der Spekulant und Unternehmer kleinen Stils errichten, sondern nur der kapitalkräftige Großbetrieb. Dieselbe Entwicklungsidee also, die Uniformität will, verweist letzten Endes auf das große Baugeschäft, das uniforme Häuserblocks baut, wie heute Einzelhäuser gebaut werden. Damit verschwindet dann aber der so unendlich kulturlos bauende Bauspekulant, der vorher Kellner, Gärtner oder bestenfalls Maurermeister war, und die Ästhetik profitiert wiederum von der wirtschaftlichen Machtzentralisierung. In demselben Augenblick, wo der Baublock an die Stelle der in sich abgeschlossenen Einzelhäuser tritt, erfährt auch der Grundriß der Wohnung Veränderungen und Verbesserungen. Sobald das Ganze einheitlich disponiert wird, stellt sich wie von selbst unter den Mietern, deren Wohnungen architektonisch geeint worden sind, auch eine Art von wirtschaftlicher Gemeinschaft her, und daraus ergibt sich dann die Disposition eines gemeinsamen Gartenhofes an Stelle der jetzt beliebten vielen kleinen, dunkeln Höfe, die Anlage einer Zentralküche für alle Wohnungen, von gemeinsamen Spiel- und Turnsälen für die Kinder, von Lesehallen und Festräumen. Es können dann blockweis Wohnungen nur für Beamte, Arbeiter oder unverheiratete Geschäftsleute gebaut werden; es können Wohnungskomplexe für Abgeordnete, pensionierte Offiziere usw. entstehen, deren wirtschaftlicher Betrieb ungefähr zwischen Hotel, Stift und Privatwohnung rangiert. In einer solchen Entwicklung des großstädtischen Mietshauses ist nicht Willkür, sondern Notwendigkeit. Darum hat sie sich zuerst heimlich, in letzter Zeit aber schon offensichtlicher durchgesetzt. Und am konsequentesten und hoffnungsvollsten in Berlin, in derselben Stadt, wo auch die ärgsten Verirrungen zu finden sind. Der englisch-amerikanische Unternehmungsgeist hat sich in der Reichsgroßstadt zuerst in der Organisation von Beamtenhäusern, Arbeiterhäusern, Einküchenhäusern usw., wenn auch nicht immer mit Glück und reifem Verständnis, versucht. Das lebendige Bedürfnis selbst ist in Berlin schon zum Architekten geworden.

Weniger kühn und konsequent ist man in Berlin, wo es sich um den Bau praktisch schöner Landhäuser handelt. Auch das ist bezeichnend für die Individualität der Reichshauptstadt. Denn einmal ist der Zug aufs Land nicht sehr stark in Berlin, was schon die Vorliebe zur großstadtartigen Ansiedelung selbst in den Vororten beweist; und dann bedarf das Landhaus viel mehr als das Mietshaus oder das Geschäftsgebäude einer Tradition, einer ländlich-bürgerlichen Baukonvention. Da diese Voraussetzungen in Berlin aber fehlen, so wäre man über das planlose Vielerlei, das den Villenbau der ersten Jahrzehnte nach 1870 charakterisiert, wäre über die Schweizerhäuschen, römischen Villen, Renaissancepalästchen und über alle die Wechselbälge des Gründerstils noch jetzt nicht hinweg, wenn nicht englische Einflüsse und eine Propaganda für die bürgerliche Bauweise der Biedermeierzeit anregend gewirkt hätten. Aus der Kritik heraus und mit Hilfe logischer Vernunftschlüsse beginnt sich die Überzeugung Bahn zu brechen, daß Kolonien schöner Landhäuser und gartenstadtartig angelegte Vororte für die Großstadt von unendlicher Bedeutung sind. Nachdem die verderblichsten Irrtümer bereits begangen worden sind, ist die Erkenntnis den Berlinern sogar aufgedämmert, daß eine Organisation großen Stils an der Zeit wäre. Die Stadtverwaltung Berlins hat darum einen Wettbewerb ausgeschrieben zur Erlangung von Entwürfen für ein Groß-Berlin, für die Anlage eines breiten Gürtels von Vororten rings um die Großstadt. Daß die Hauptstadt sich der Konsequenzen ihrer Existenzbedingungen bewußt zu werden beginnt, daß die Logik der Tatsachen selbst die neue Form erzwingen will, beweist auch dieser Plan wieder. Die wahrhaft moderne Idee tritt auch hier wieder hervor. Nur geschieht es noch nicht mit genügender Bewußtheit, geschieht zu ängstlich und darum ohne die eiserne Konsequenz, die allein mit dem in vier Jahrzehnten planlos Entstandenen aufräumen könnte.

Aber das ist nicht nur so mit Bezug auf die Pläne, die den Landhausbau und die Vorortanlagen betreffen. Dem kühnen und glücklichen Vorstoß folgt auf allen Arbeitsgebieten immer auch gleich der Rückfall. Nicht nur hier und da, sondern überall. Die Verhunzung des eben erst im besten Sinne modern Geschaffenen ist echt berlinisch, ist ein Charakterzug dieses Stadtindividuums. Nachdem Messel eben ausgezeichnete Beispiele einer neuen Warenhausarchitektur gegeben hat, ist seine wertvolle Lehre gleich auch wieder in neueren Warenhäusern, wie dem Passagekaufhaus ad absurdum geführt, sind seine stolzen Formen prostituiert worden, um eitler Sensationseffekte und törichter Augenblicksspekulation willen.

Während die Stadtverwaltung mit dem Konkurrenzausschreiben Groß-Berlin ihre Verpflichtung zur Organisation der willkürlichen Großstadtentwicklungen eingesteht, versäumt sie es doch, die ersten Vorbedingungen ihrer Pläne: die Eingemeindung der Vororte ringsumher, zu betreiben, so daß die Teilnehmer der Konkurrenz auf dem Papier nun über Terrains und Bauplätze verfügen, die inzwischen von Unternehmern mit der alten großstädtischen Spekulationsarchitektur dicht bebaut werden. In der Nationalgalerie hat der Direktor Hugo von Tschudi im Laufe wohlangewandter Arbeitsjahre eine moderne Sammlung deutscher Bilder und Skulpturen zusammengebracht, die über die Grenzen des Reichs hinaus bewundert wird und worin die Ideen der neuen Kunstanschauung zuerst in einer deutschen Galerie kühn und gründlich zugleich dargelegt worden sind. In dem Augenblicke aber, wo diese schöne Arbeit vollendet werden soll, wird der verdienstvolle Mann rücksichtslos fortgeärgert und das Resultat seiner Arbeit in Frage gestellt. Und so weiter. Es ist in Berlin immer dasselbe. Das Neue und Zukunftsvolle wird zuerst immer in dieser in Neuheit glänzenden Großstadt erkannt und versucht; gleich wird es an der Stelle seiner Entstehung dann aber auch wieder entwertet und modisch verzerrt.

# Utopie

Es gibt Augenblicke im heutigen Berlin, wo Einem die Impressionen großer Möglichkeiten emporsteigen, wo aus den harten und brutalen Wirklichkeiten ringsumher ein mächtiger Großstadtstil sich zu lösen scheint. Es ist der Ruhm Berlins, daß diese Augenblicke nicht schlaffen Traumstunden angehören, sondern daß sie sich gerade inmitten des Tageslebens, inmitten der leidenschaftlich pulsierenden Arbeit einstellen. Die Impressionen monumentaler Nützlichkeiten gehen unmittelbar aus der amerikanisch übersteigerten Großstadtidee hervor. Man sieht Das Konsequenz und Bewußtsein werden, was jetzt nur unruhiger Instinkt und halbes Wollen ist. Einen Stadtkörper erblickt man, bei aller Riesenhaftigkeit, klar gegliedert und mit freier Genialität organisiert. Eine Hauptstadt, nicht mehr regiert von Parteileuten, nicht von Stadtverordneten, die Bourgeois mit beschränktem Gesichtskreis sind, nicht von Bürgermeistern, die zahmen Verwaltungsbeamten gleichen, sondern von außerordentlichen Willensmenschen mit der großen Leidenschaft zur Tat und zur Sachlichkeit. Man sieht einen Berliner Oberbürgermeister, dessen unwiderstehliche Despotie alle Helfer einem Willen unterwirft, der sich gleichberechtigt fast neben den Kaiser zu stellen vermag, der die ganze Stadtbevölkerung zum willigen Instrument seiner starken Hand macht, wenn es nicht anders geht, mit Entfesselung politischer Leidenschaften, und der mit der in einem Punkt gesammelten Macht dann das gewaltige Organisationswerk beginnt, Berlin zuerst verwaltungstechnisch und dann wirtschaftlich und kulturell zu einer lebendigen Einheit zu machen. Nach dem Prinzip: die Stadt zur Arbeit, das Land zum Wohnen, so daß rings um die Industrie- und Arbeitsstadt ein Kranz von Gartenstädten entsteht, untereinander und mit dem Zentrum gut verbunden, jede in sich ein kleiner Organismus, in dem es sich behaglich, bequem und gesund wohnen läßt, wo eine neue Jugend kräftig und im Genuß aller Vorteile des Landes heranwachsen kann. Man sieht diesen idealen Bürgermeister tun, was früher die großen Herrscher für ihre Städte taten, und in Berlin vollbringen, was die Hohenzollern und die Bürger bisher versäumten: aus der Reichshauptstadt eine große, ganz moderne Bürgerstadt zu machen; man sieht ihn sich einem rücksichtslosen Tatmenschen verbinden, wie es einst der Pariser Haussmann war, und diesem die Freiheit einräumen, ungeheure Durchbrüche zu bewerkstelligen, umfassende Flußregulierungen vorzunehmen, führende Linien durch das schematische Straßengewirr zu ziehen, halb Berlin und das Meiste in den Vororten niederzureißen und von kapitalkräftigen Baugesellschaften unter strenger Aufsicht die häßliche neue Großstadt als eine schöne neue Großstadt wieder aufzubauen. Eine so regierte Kommune würde die Anlage und Ausgestaltung der Vororte und der Stadtteile nicht mehr den Terrainspekulanten überlassen, sondern selbst zum Bauherrn werden; sie würde der Bildung großer Trusts innerhalb der Stadt die Wege ebnen und selbst Etwas wie der mächtigste aller dieser Trusts sein. Monumentalisiert würde so der alte mittelalterliche Zunftgedanke wieder aufleben. Das würde helfen, die einzelnen Berufe zu großen Verbänden, Genossenschaften und Gruppen zusammenzuzwingen, und aus den so zentralisierten Berufsideen würde in mannichfacher Form die neue gesellschaftliche Kulturidee hervorgehen. Man erblickt im Geiste eine Hauptstadt des deutschen Bürgerbewußtseins, in der eine vernünftige Bodenreform jedem Einzelnen, der darnach verlangt, den Besitz einiger Quadratmeter eigenen Bodens gestattet, die in der City aus großen Geschäftshäusern und an der Peripherie aus monumental zusammengefaßten Mietshausblocks besteht und die nicht mehr das heutige Formenvielerlei aufweist, sondern einen architektonisch beruhigten, ästhetisch rhythmisierten Eindruck macht. Eine Stadt ohne Reklamegeschrei, ohne die Unanständigkeiten des heutigen Geschäftslebens, weil sie dem Großbetrieb gehört und der uniformierenden Organisation, kurz, weil das moralische Gesetz der Großstadt erkannt und durchgeführt worden ist. Man sieht endlich ein Heimatgefühl entstehen, ein lebendiges Stadtgefühl, das der bunten Stadtbevölkerung eine bestimmte Physiognomie verleiht. Ein neuer Typus des Großstadtberliners taucht auf, eine neue gesellschaftliche Gliederung kündigt sich an. Und in dem Maße, wie der Stadtgeist in sich selbst mächtig wird, wirkt er herrschend auf das ganze Land dann zurück. Es entsteht eine große moderne Stadtkultur, und es veredelt und verallgemeinert sich die Kunst. Schaubühnen werden von der Stadt gegründet, nicht mehr als Industrieunternehmen, sondern als Kult- und Erbauungsstätten, in denen etwas von griechischem Geist auflebt, weil sie wirklich der ganzen Stadtbevölkerung gehören. Auf jeglichen Unterricht gewinnt der Stadtstaat Einfluß. Er erlaubt nicht länger, daß in seinen Mauern Scharen von Bildungsproletariern dressiert werden, regelt die Arbeitszeiten so, daß zum Landleben, zu edler Erholung Zeit bleibt, er unterdrückt alle gemeinen Vergnügen, beschränkt und regelt die Prostitution und befördert mit allen direkten und indirekten Mitteln die Familientugenden und die echten Willensinstinkte der Bürger.

Es will Einem in solchen Augenblicken eines höheren Optimismus scheinen, als sei Berlin der letzten Konsequenzen der amerikanischen Kolonistenkühnheit fähig und könne das Neue und Kühne doch zugleich maßvoll schön veredeln, weil es die Stadt eines Landes ist, das auf gefestigte alte Kulturtraditionen zurückblickt; als vermöchte das Einem als möglich vorschwebende Groß-Berlin sich das alte Kulturgewissen Europas zu bewahren und doch auch den Wirklichkeitssinn Amerikas zu haben und als könne es gerade aus seiner besonderen Determination Vorteile ziehen, wie keine andere Stadt der alten oder der neuen Welt.

# Die Bestimmung Berlins

Doch das ist eine Utopie. Es ist charakteristisch, daß man, in der Betrachtung Berlins versunken, auf sie verfällt. Kehrt man zum Ton einer sozusagen naturgeschichtlichen Betrachtung zurück, und blickt man auf Berlin von seiten seiner historischen Bestimmung, so erscheint eine Entwicklung wie die eben angedeutete dann freilich, trotzdem ihre Idee an vorhandenen Wirklichkeiten anknüpft, unwahrscheinlich. Eine solche konsequente Entwickelung setzte eine Fähigkeit zur Selbstzucht voraus, an die man nach einem ernsthaften Blick auf die Geschichte Berlins nicht mehr glaubt. Die erste Voraussetzung zu einem Stadtbewußtsein großen Stils wäre es, daß sich die in vielen Nuancen schillernde, bildungsarme östliche Stadtbevölkerung vollständig und sehr bald zu konsolidieren vermöchte. Daß Solches geschehen wird, ist aber nicht wahrscheinlich. Die Logik der Tatsachen zwingt uns vielmehr, an ein Berlin zu glauben, das dem Amerikanismus in seinen äußersten Konsequenzen ebensowenig gewachsen ist, wie es sich einem ursprünglichen und schöpferischen Deutschtum bisher gewachsen gezeigt hat. Die nächsten Jahrzehnte werden ohne Zweifel eine Epoche bedeutsamer innerer Entwicklungen für Berlin sein. Die Kinder der neuen Einwanderer werden dann in der neuen Großstadt schon akklimatisiert sein, und sicher wird eines Tages ein Großberlinertum existieren, daß viele Formlosigkeiten des Übergangs überwunden hat. Und dieser neuen Bevölkerung wird eine auf gewisser Höhe stehende Stadtkultur sicher gelingen. Aber den ungeheuren idealen Möglichkeiten, deren Laute man rings umher heute wahrnimmt, wird diese Bevölkerung wahrscheinlich doch nicht gewachsen sein. Denn es fehlen die Anzeichen für eine erwachende, über Alle verteilte innere Schöpfungskraft, für die Traditionen bildende Energie. Gewiß: Berlins Geschichte als Reichshauptstadt und Großstadt beginnt erst. Was sind gegenüber einer solchen Arbeitsmenge Jahrzehnte! Die Zentralisierungsidee macht, trotz alles gesunden Partikularismus in den Bundeshauptstädten und in den Provinzen, von Jahr zu Jahr mehr Fortschritte, und es ist wahrscheinlich, daß Berlin für Deutschland äußerlich eines Tages sein wird, was Paris für Frankreich, London für England, Wien für Österreich ist. Aber es wird nur äußerlich sein. Berlin vermag nicht die seit Jahrhunderten wirkenden Bedingungen seines Werdens und Seins aufzuheben, es kann, als Kolonialstadt, die es nun einmal ist und bleibt, nicht in natürlicher Weise zum Sammelbekken aller nationalen Energien und Ideen werden. Und weil es einmal so ist, weil es sich fort und fort entwickeln muß, »nach dem Gesetz, wonach es angetreten«, weil Berlin von Natur aus zur eigentlich genial schöpferischen Arbeit nicht gemacht ist, wird es auch ferner im wesentlichen die Idealwerte immer aus zweiter Hand empfangen. Es wird vielleicht zuerst immer den Instinkt, die Witterung haben; aber es wird nicht für Alldeutschland die Erfüllerin sein. Als Hauptstadt des neudeutschen Materialismus wird Berlin noch mächtiger werden als es ist; doch es kann niemals die geistige Reichshauptstadt Deutschlands im höchsten Sinne sein.

In dieser Konstatierung ist Tragik. Daß Berlin Reichshauptstadt werden konnte, ja, werden mußte, daß es in Deutschland keine Stadt gibt, die das Reich vollständig repräsentiert, ist ein Beweis, ein wie künstliches schwieriges Gebilde das ganze neue Reich ist. Nur über ein partikularistisch zerrissenes, uneiniges und schwaches Mutterland konnte das

Kolonialland Preußen mit seinem nüchternen, harten Pioniergeschlecht, konnte die Kolonialstadt Berlin mit ihrer kulturarmen, aber willensstarken Bevölkerung siegen. Und diese Stadt kann nur bleiben, was sie ist, und an Macht zunehmen, wenn sie die Bedingungen ihres Entstehens nicht außer acht läßt. Als Kolonialstadt ist Berlin geworden, was es ist, als Kolonialstadt hat es die Herrschaft über das Reich errungen und ausgedehnt; darum wird es stark in aller Zukunft nur sein, solange es bleibt, was es einst war und noch ist. Trotz seiner Europäisierung und Amerikanisierung wird Berlin eine östliche Stadt auch ferner sein, abhängig im wesentlichen von der Geschichte des Ostens. Gerade jetzt bereiten sich im Osten wichtige Dinge vor. Das Slawentum, das zurückzudrängen und zu germanisieren viele Jahrhunderte geschäftig waren, hat sich am Beispiel der Sieger erzogen und beginnt sich als selbständig gewordene Macht nun wieder aggressiv zu regen. Es ist eine Zeit vorauszusehen, wo die Welle zurückfluten muß, wo der Kampf um den Osten, um das alte Kolonialland von neuem beginnen wird, wenn vorläufig auch nur in den Formen eines erbitterten Wirtschaftskampfes. Wie immer nun die Folgen dieses Kampfes auch sein werden, ob die Deutschen widerstehen werden oder ob die Slawen in ihre uralten Wohnsitze wieder einrücken werden: Berlin wird in seiner Entwicklung in jedem Falle entscheidend von diesem Ringen beeinflußt werden. Es ist möglich, daß Berlin im Verlauf dieses Rassenkampfes mehr als bisher zu einer spezifisch deutschen Stadt wird; aber es ist auch möglich, ist sogar wahrscheinlich, daß die slawischen Elemente energischer noch als bisher von der an der Spree emporgeschossenen Riesenkarawanserei Besitz ergreifen werden. Man kann das denken, ohne sich unpatriotischer Gedanken schuldig zu machen. Es läßt sich ein noch erweitertes politisch und geistig geeintes Reich aller germanischen, deutsch sprechenden Stämme und Völker in Europa denken, das über die jetzigen deutschen Reichsgrenzen hinaus ein Gebiet von der Donau bis an die Rheinmündung umfaßt und das aus Gründen des Gleichgewichts in demselben Augenblick entsteht, wo die unaufhaltsame Slawisierung des Ostens, wo eine endgültige neue Nationalisierung der Slawen konkrete politische Gestalt gewinnt und wo der durch alle Jahrhunderte nur mühsam behauptete Osten bis zu gewissen Grenzen aufgegeben werden muß.

Sei dem aber, wie ihm wolle: sicher ist, daß Berlin nicht eine primäre Stadtkultur schaffen kann, solange es eine Kolonialstadt ist; und ebenso ist es gewiß, daß Berlin nur stark und mächtig sein kann, solange es eben eine Kolonialstadt ist. Das Schicksal seiner Vergangenheit wird das seiner Zukunft sein. Und weil es so ist, wird Berlin seinen Einwohnern niemals im höchsten Sinne eine Vaterstadt, eine Heimat sein. Auch wenn der Wirrwarr dieser Jahrzehnte überwunden ist, wird es nicht viel anders sein wie heute, wo der Tüchtige diese Stadt der Arbeit und Unternehmungen um der Arbeit willen sucht, wo der revolutionäre Geist von ihr Förderung seiner neuen Ideen erhofft, wo es Alle mehr oder weniger zu dem bunten Vielerlei der Kaiserstadt, Reichshauptstadt, Großstadt, Geschäftsstadt, Arbeitsstadt und Vergnügungsstadt hinzieht, in der die Interessen in so mannichfaltiger Weise verknüpft werden, und wo doch kaum Einer mit wahrer, tiefer Liebe an dieser im Grunde seelenlosen Stadt hängt. Man kann jedes Verhältnis zu Berlin gewinnen, nur lieben kann man diese Stadt nicht. Wer dreißig Jahre schon darin lebt, fühlt sich noch nicht als Berliner, sondern immer noch als Hamburger, Königsberger, Danziger oder Frankfurter, als Mecklenburger, Rheinlander oder Bayer. Es fehlt das konservative Grundelement, das einer lebendigen Liebe zur Stadt zur Basis werden könnte.

Berlin aber will Liebe auch gar nicht von seinen Bewohnern. Ist der Geist dieser Stadt nicht im tiefsten national, so ist er doch auch nicht sentimental. Wie mit einem Witzwort der Selbstironie hilft sich dieses hart determinierte Stadtindividuum über die verborgene Tragik seines Daseins hinweg. Über die Tragik eines Schicksals, das überall dort zutage tritt, wo in einem allzu harten und allzu rastlosen Erhaltungskampf die höheren Gefühlskräfte und die Fähigkeit zum Glück verkümmern, so daß nur die profane Tüchtigkeit bleibt, woraus die Blüte edelster Kultur nicht emporzusprießen vermag; über die Tragik eines Schicksals, das das aus einer wendischen Fischersiedelung zur mächtigen Millionenstadt und Reichshauptstadt emporgewachsene Berlin dazu verdammt: immerfort zu werden und niemals zu sein.